柿﨑博孝＋宇野 慶＋髙橋 愛

博物館教育論

［改訂第2版］

玉川大学出版部

『博物館教育論』改訂第2版の刊行にあたって

　今回，『博物館教育論』改訂第2版を刊行することになった。本書の初版が刊行されたのは2016（平成28）年のことであるから，それから6年の年月が過ぎたことになる。初版本の刊行当時は，まだ少なかった『博物館教育論』のテキストも最近は多くの出版社から刊行されている。博物館教育に関する理解や関心も6年前に比べると格段に向上したように感じている。

　初版の反省もふまえ，改訂第2版では以下の変更を行った。初版では，海外の博物館教育の実践事例を多く取り上げたが，我が国の博物館教育の質が向上したことと，本書が読者にとってより身近なものになるように改訂第2版では我が国の博物館教育活動事例をより多くとりあげることにした。しかしながら，初版に掲載した海外の幾つかの博物館教育活動事例は，内容の一部を最新の情報に更新したうえで，そのまま掲載している。また，「学校教育と博物館」および「多文化共生社会と博物館教育」の内容を大幅に加筆した。さらに，「ICTと博物館教育活動」の章を加えた。

　2020（令和2）年における新型コロナウィルス感染症（COVID-19）のパンデミックは社会に深刻な影響を与えている。博物館や博物館教育関係事業に与えた影響も大きく，接触型展示や多くの博物館教育プログラムが感染予防のために中止された。コロナ対策を優先するために，博物館運営経費を削減された地域博物館もある。しかし，その一方で博物館はオンラインを使った博物館教育活動等への取り組みを進めており，博物館の遠隔教育への関心が高まっている。このように今回のパンデミックは今後の博物館や博物館教育のあり方に何らかの変化をもたらす可能性が高い。

　本書の刊行にあたり，多くの方から多大なる協力を賜った。竹井ようこ東京都議会議員からは文化行政に携わる立場から，危機の時代に芸術文化を振興する必要性と博物館の果たす役割をお話し頂き，執筆にあたる事例調査にも多大なるご協力を賜った。多摩六都科学館，高尾戸美氏（研究・交流グル

3

ープリーダー），伊藤勝恵氏（統括補佐），石山彩氏（PR グループリーダー），安倍覚子氏（PR グループ）からは多摩六都科学館の博学連携活動や多文化共生活動に関する様々な取り組みをご紹介頂いた。北広島市エコミュージアムセンター知新の駅，畠誠氏（北広島市教育委員会学芸員）からは北広島市エコミュージアムセンター知新の駅のコンセプトや「平成28年度北海道博物館特別展関連・北広島市エコミュージアムセンター共催地域連携事業―北広島マンモス大復活プロジェクト！」に関するご教示を頂いた。北上市立博物館，川村明子氏（北上市立博物館主任学芸員）からは北上市立博物館の教育活動の取り組みに関するお話を拝聴することができた。白木栄世氏（森美術館）および関香澄氏（サントリー美術館）からは各館の教育普及活動やデジタル時代に向けての取り組み，教育普及担当としての考え等を拝聴することができた。北海道立函館美術館，柳沢弥生氏（北海道立函館美術館主任学芸員）からは北海道教育委員会が主導するアートプロジェクト「出張アート教室」や「アートギャラリー北海道」について教えて頂いた。練馬区立石神井公園ふるさと文化館，小林克氏（練馬区立石神井公園ふるさと文化館館長），東京都美術館，山村仁志氏（学芸担当課長），稲庭彩和子氏（アート・コミュニケーション係長），イザベラ・スチュワート・ガードナー美術館，Michelle Grohe 氏（Esther Stiles Eastman Curator of Education），シドニー現代美術館，Belinda Sculley 氏（Young Creatives Coordinator）には原稿の確認や画像の提供などでご協力を頂いた。これらの方々に心より感謝申し上げる。

2022（令和4）年 1 月
著　者

はじめに （2016年版より）

　博物館は人々とその社会がつくりだした歴史的・社会的・文化的要請によって生み出され，社会のなかで存在意義を有し，社会のためにその機能を果たす機関である。今日の博物館は，社会の大きな変化，激動の時代のなかで存続しようと努めている。ただ資料を集め，それを展示するという活動だけの博物館の時代は終わり，利用者の視点から博物館活動を実践する時代になってきた。利用者が博物館を訪れることによって何かを獲得し，よりよい博物館体験を得られるような，博物館と利用者相互の良好な関係を築き上げることが求められているのである。

　利用者にとっての博物館の魅力は，本物に出会える場であると同時に，博物館での学びや楽しみもある。生涯学習の進展に伴い，博物館も人々の学びや交流を支援する拠点としてその教育機能が期待されている。博物館を利用するさまざまな人々に何らかの影響を与え，かつ学びの場を提供するには，利用者を知り，利用者の視点から博物館を活用することを支援する必要がある。ともすれば，これまでの博物館は展示を中心に，人々の娯楽や文化的向上のための奉仕，サービスをすればよいという面が強かった。しかしながら，現在では人々との関わりや教育機能を重視しない博物館は，社会的な役割という根本から存在価値が問われることになる。

　こうした状況と大学における学芸員養成課程の質的向上を図るために，2012（平成24）年，博物館法施行規則の一部の改正・施行により，大学等の学芸員養成課程について科目および単位数が改正され，「博物館教育論」（2単位）が必修科目になった。「博物館教育論」のねらいについては，博物館における教育活動の基盤となる理論や実践に関する知識と方法を習得し，博物館の教育機能に関する基礎的能力を養うことになっている。そして内容は，学びの意義，博物館教育の意義と理念，博物館の利用と学び，博物館教育の実践を扱うこととされている。本書もこのねらいと内容にできるだけ沿った

内容で構成している。

　また筆者たちは，これまで大学博物館の学芸員として博物館教育に関する学術調査研究に従事してきた。海外では2009年に英国，2010年にオーストラリア，2011年にアメリカ合衆国で博物館教育の事例調査を実施している。そのほか，2014年には玉川大学芸術学部所属の教員と共同で全国大学博物館学講座協議会，東日本部会の研究助成を受け「美術作品を中心とした視覚媒体を活用した教育の研究―VTS美術鑑賞教育を日本に適応した教育方法の形成―」の研究を行っている。本書にはこれらの調査研究活動を通して習得した結果も活用している。

　これからの博物館がどのようにあるべきかを考えた場合，「博物館教育論」を避けては通れないであろう。博物館が今抱えるさまざまな問題や課題も，博物館教育の面から対処しなければならないものが多々あるのも事実である。したがって，この科目を学習するにあたっては，他の科目同様実際に博物館を自分の目でとらえ，自分の考えで博物館をみつめられるように学んでほしい。

著　者

目　次

『博物館教育論』改訂第2版の刊行にあたって　　3
はじめに（2016年版より）　　5

第1章　博物館教育の意義と理念……………………………………… 11
　　第1節　「博物館で学ぶ」意義とは　11
　　第2節　博物館教育の諸理論　16

第2章　博物館における学びの特性…………………………………… 27
　　第1節　展示の意義　27
　　第2節　学びとは　29
　　第3節　博物館利用者の体験　31
　　第4節　よりよい博物館体験のために　34

第3章　博物館教育の歴史的展開（西洋）…………………………… 37
　　第1節　近代における博物館教育　37
　　第2節　知識社会における博物館教育
　　　　　　―英国の事例より―　42
　　第3節　アメリカ合衆国の博物館教育の歴史的展開　44

第4章　日本の博物館教育の歴史……………………………………… 50
　　第1節　明治期の博物館　50
　　第2節　大正期の博物館　58
　　第3節　昭和期の博物館　60

第5章　博物館教育の環境整備………………………………………… 66

第1節　予算　66

第2節　ミュージアム・エデュケーター　68

第3節　博物館教育と施設・設備整備　72

第4節　セキュリティー対策　75

第5節　感染症対策　77

第6節　博物館教育関連情報の提供　78

第6章　博物館教育活動の企画と実施……………………………………80

第1節　博物館における教育的活動の種類　80

第2節　教育プログラムの企画から実施まで　89

第7章　学校教育と博物館………………………………………………95

第1節　学習指導要領と博物館での学習　95

第2節　博学連携の試み―多摩六都科学館について　105

第3節　博学連携のマネージメント　106

第4節　学校教育を目的とした企画展　108

第5節　学校で行われる博学連携活動　110

第6節　博学連携の問題点　115

第8章　大学と博物館教育………………………………………………119

第1節　大学と博物館教育　119

第2節　初年次教育としての博物館の活用　122

第3節　大学と博物館の連携　124

第4節　学部教育との連携　125

第5節　博物館と中学校，大学の三者連携活動　128

第6節　社会に開かれた大学博物館　131

第7節　大学博物館が博物館教育を推進するうえでの課題　133

第9章　博物館の種類別にみた教育活動………………………………138

第1節　博物館の種類　138

第2節　人文系博物館　140

第3節　自然科学系博物館　143

第4節　野外系博物館　148

第10章　博物館教育と評価……………………………………………150

第1節　博物館教育と評価　150

第2節　評価の種別　151

第3節　博物館教育活動などの個別プログラムの評価　153

第11章　博物館教育と地域社会………………………………………157

第1節　生涯学習社会と博物館　157

第2節　地域社会と連携した博物館　159

第3節　エコミュージアムと博物館教育活動　162

第4節　ミュージアム・ネットワーク　167

第12章　人材育成の場としての博物館………………………………172

第1節　学芸員養成の場としての博物館　172

第2節　インターンシップ　175

第3節　ティーンエイジャーに向けての活動　177

第13章　多文化共生社会と博物館教育………………………………181

第1節　多文化共生社会と博物館教育　181

第2節　「日本語教育法」の授業における
　　　　博物館を利用した教育活動　183

第3節　「地域と協働した博物館創造活動支援事業」
　　　　プロジェクト　186

第4節　絵画を利用した活動　188

第5節　博物館と倫理的主題　190

第6節　多文化共生社会において博物館が配慮すべきこと　193

第14章　ICT と博物館教育活動··· 197

　　第 1 節　活発化する ICT を活用した博物館教育　　197

　　第 2 節　ICT を活用した博物館教育のメリット，デメリット　　198

　　第 3 節　ICT を活用した博物館教育活動の実施にあたって　　201

　　第 4 節　実物作品とデジタル化作品を用いた研究活動　　203

　　第 5 節　実物とデジタル資料の活用　　206

おわりに―これからの博物館教育　　211

第 1 章 | 博物館教育の意義と理念

　本章では博物館教育の意義と理念について学ぶ。博物館教育に対する関心の高さを知識社会，生涯学習社会，博物館をめぐる経営環境の3点から説明する。また，実物教授，デューイ，ピアジェ，ハイン，ハウゼンの理論を学び博物館教育を考えるうえで参考になる考え方を学ぶ。

キーワード | 博物館の学び　資料と学習　フォーマルな学びとインフォーマルな学び　博物館教育活動おける理論の有効性　実物教授　デューイ　ピアジェ　ハイン　ハウゼン

第1節　「博物館で学ぶ」意義とは

　「博物館教育」という言葉にどんなイメージをもつだろうか。「お堅い」とか「難しそう」というイメージをもった人もいるかもしれないが，「博物館資料保存論」や「博物館展示論」といった学芸員資格取得のための他の必修科目の学習内容に比べて親しみやすさをもった人も少なくないと思う。

　最近，たいていの博物館では週末や夏休みなどの大型休暇には子どもやその家族を対象としたイベントが開かれているし，平日には小学校や中学校の児童生徒が教育活動の一環として博物館を訪れていることも多い。企画展には付帯事業として講演会やギャラリートーク，アーティストを招いてのワークショップが開かれることもあるし，2020（令和2）年に新型コロナウィルス感染症（COVID-19）が流行した後は多くの博物館でICT（情報通信技術）

を活用した博物館教育活動が行われた。

　本書でも詳しく説明しているように博物館が教育のための施設であるという見解は19世紀より広く共有されている。しかし，今日の社会における博物館教育の解釈は多様であり，19世紀に理解されていた博物館教育と同じような定義を今日の博物館教育のすべてにあてはめることはできない。しかしながら，19世紀の博物館の教育活動への取り組みは多様に発展した今日の博物館教育活動の基礎となる考え方を形成しているので，どのようなものかしっかりと理解することが重要である。

　2012（平成24）年から，学芸員養成課程においても「博物館における教育活動の基盤となる理論や実践に関する知識と方法を習得し，博物館の教育機能に関する基礎的能力を養う」という目的のもとで「博物館教育論」が必修化された。これは博物館の諸活動において，博物館教育の比重がより大きくなったと解釈できる。

　それではなぜ，博物館の諸活動において，博物館教育の役割が強調されるようになったのであろうか。著者は三つの要因があるのではないかと考える。一つは社会が知識社会になったこと，二つは生涯学習社会が進展したこと，三つは博物館を取り巻く厳しい環境への対応である。

　まずは知識社会について考えてみたい。今日の社会ではICT（情報通信技術）の発達により，紙媒体が主流であった20世紀に比べて，莫大な情報が瞬時にして拡散するようになった。しかし，その一方でこうした情報のなかには信憑性に乏しいものも数多く存在することから，個人は様々な情報のなかから，自分が必要とする情報を取捨選択して理解し，活用する能力が求められるようになった。また，外国人技能実習生の受け入れや経済のグローバル化などで，日本社会は必然的に多元化しており，自分と文化や価値観の異なる他者と共生する機会が増えた。よって，これからの社会では，氾濫する情報化社会のなかで，様々な文化的背景をもつ人びとと共生し，様々な課題解決に向けて積極的に取りくむための知力や判断力，倫理観が求められる。

　つまり，これからの社会においては，根気や暗記力といったこれまでの教育が強調してきた資質に加えて，環境の変化に柔軟に対応し，主体的に判断する能力が必要になった。こうした能力を養うため学習指導要領なども度々，

改正されてきたが，博物館はこうした主体的な学習の場として適している。なぜならば，博物館はオリジナルな実物資料に加えて，これらの資料に関する研究成果や関連情報を保存しており，個人は自分の興味関心に合わせて博物館のこうしたリソースを利用しながら，学びを行い，思考力を鍛えることができるからである。

　実物資料を通した学びは，時としてこれまでの既存の知識やものの見方とは異なった発見や解釈をもたらす。たとえ教科書に書かれたことに関する知識を確認することを目的とした活動であっても，教科書に書かれていることを受動的に暗記することと，自ら実物資料等を探求して教科書に書かれている知識を確認することとは大きな違いがある。

　ここでは著者自身の体験を通して，「実物」を通した学びとは何であるかを語りたい。玉川大学教育博物館は近世以降の日本の教育史関係のコレクションを所有しており，明治から太平洋戦争終戦直後頃の時期に刊行された日本の国定教科書（文部省が明治期から昭和20年代までの間に刊行した教科書）を数多く所蔵している。国定教科書は明治期から昭和20年代前半まで，6回程，改定されており，教科書ごとにそれらがつくられた時代の特徴が反映されている。

　著者が着目したのは，当館の所蔵資料の一つで1947（昭和22）年に刊行された小学校6年生用の国定国語教科書である。この教科書のなかに「ある画像」というストーリーが掲載されている。そのストーリーは一人の子どものもとにラファエロの「小椅子の聖母」の絵葉書が送られてきたところからはじまり，その子どもと隣に住む，若い時に世界をまわった絵画好きのおじさんとの対話を通して本物の美術作品を鑑賞することの大切さを説く内容になっている。この教材の大きな特色は，太平洋戦争期の国定教科書の内容とは大きく異なり，日本の神話ではなく，キリスト教絵画の題材を扱っていることである。

　教育博物館で所蔵している1947（昭和22）年の国定国語教科書の「ある画像」のなかには「いすによるマドンナ」という本文中の表現があり，そのわきに，おそらく教師の説明を聴いて児童が書いたであろう「キリストの母」という書き込みがあった。この書き込みは，太平洋戦争が終わって間もない

1947（昭和22）年の学校の授業で聖母マリアのことが話された可能性を示す。それまで，日本神話が歴史事実のように教えられていた日本の教育現場で芸術作品の鑑賞というテーマを通して聖母マリアが語られるようになったのである。これは著者にとって大きな発見であった。こうした書き込みの発見こそ，実物資料がも

「ある画像」『国語第六学年上』1947年

っている重要性を物語っている。国定国語教科書は復刻版が出版されているし，当館の所蔵資料に「キリストの母」という書き込みがあるという事実は，著者が著書や論文などで発表すれば誰もが知ることはできる。しかしながら，「キリストの母」という書き込みを発見したときの喜びや驚きの気持ちは，実際に資料に触れた人でなければ感じることができない体験となる。最近は実物資料と並び，複製や復刻，デジタル画像を活用した博物館教育活動も盛んに行われているが，博物館教育の真髄は実物を用いることにあることをこの体験は証する。

　次に生涯学習社会の進展について述べたい。知識社会となった今日，年齢，性別，文化的背景に関わりなく，常に学び続けることが必要になる。詳しくは本書の第11章「博物館教育と地域社会」において説明するが，知識社会となった今日の社会では学習活動は学校教育だけで終わらせるのではなく，生涯を通して学び続けることが求められている。こうした時代を迎え，博物館は図書館や公民館，大学の公開講座等と並んで生涯学習の場として機能している。今や多くの博物館が展示室や資料収蔵庫に加えて，館内に一般に開かれた図書室や多目的ルームを備えているし，充実した一般向けの博物館教育プログラムを提供している博物館も少なくない。また，高齢者の社会活動やコミュニケーションの場として博物館に期待する声も大きい。最近では残念ながら若者と高齢者の世代間対立を煽るような発言や雑誌記事も見受けられ

るようになってしまったが，こんな時代だからこそ博物館が子どもや若者と高齢者との異年齢交流の場となって欲しいものである。

　最後に博物館を取り巻く厳しい環境への対応と博物館教育との関係について述べておきたい。改めて言うまでもないことであるが，少子高齢化社会の到来や新型コロナウィルス感染症（COVID-19）の流行を受けて，博物館を取り巻く環境は厳しい。文化活動は大切であるという意識は多くの人びとに共有されていても，博物館に効率性を求める声はより高くなるであろう。国立博物館の独立行政法人化や公立博物館における指定管理者制度の導入により，博物館の経営環境は激変している。

　特に博物館はこれまで以上に入館者数や自己収益等の確保が求められる。このようななかで，着目されているのが博物館教育活動の推進である。実際にアメリカ合衆国では，1980年代に美術館の公的資金の助成の減額等の問題に直面しているが，美術館は既に所蔵している資料を活用し，教育普及活動等，市民の期待や要望を予測したサービスを行い，この問題を乗り越えようとした[1]。予算削減や自己収益の確保といった問題に直面している日本の博物館でも，このような博物館運営における変化の波は確実に来ている。

　しかしながら，こうした変化がこれからの博物館のあり方として望ましいかどうかは別の話である。事実，東北学院大学の辻秀人教授は『博物館 危機の時代』（雄山閣，2012年）で「表に出る展示や教育普及活動などの業務は，比較的活発に行われている。ただし，筆者には集客を見込めるテーマが取り上げられる機会が飛躍的に増えたように思われる。中には博物館，美術館の本来の性格とそぐわないと思われるテーマも少なくない。教育普及にかかわるイベントも娯楽性が重視される企画が多く，そこからなにを学ぶのかという視点がしだいに薄れているように感じられる」と批判している。よって，博物館関係者は市場原理や効率性がより強く求められる今日において，博物館とは何か，あるいは博物館教育とは何か，を問い直されており，そのうえでも博物館教育の知識や実態を学ぶことは有益であろう。

第2節 博物館教育の諸理論

　厳密な意味での博物館教育の理論が存在しているわけではない。しかしながら，コメニウス（Johann Amos Comenius 1592-1670）やペスタロッチー（Johann Heinrich Pestalozzi 1746-1827）から始まり，カルキンズ（Norman Allison Calkins 1822-1895）が唱えた実物教授論，デューイ（John Dewey 1859-1952）の経験主義，ピアジェ（Jean Piaget 1896-1980），ハウゼン（Abigail Housen 1945-2020），ハイン（George E Hein 1932-）の唱えた知識に関する理論と学習に関する理論，伊藤寿朗（1947-1991）の第三世代の博物館などは，博物館教育を考えるうえで参考になる。

（1）実物教授論

　実物教授は「資料」を使った学習を行う博物館教育の基礎となる考え方である。実物教授の源流はコメニウスの思想にみられる。コメニウスは暗記中心主義の教育を批判し，対象を感覚的に把握することを主張した。彼は直観教育に基づき，視覚教材の先駆けともいえる『世界図絵』を発刊している。

　スイスの教育者，ペスタロッチーも実物教授を唱えた。ペスタロッチーは直観こそ教育の源にあると考え，人は直観を用いて自然の事物をじっくり観察することで成長すると主張した。つまり，彼もコメニウスのように暗記中心の教育を批判し，教育にとって重要なことは，まず対象を捉えて，言葉に結びつけることだと論じた。ペスタロッチーの教育思想を実践するうえで重要になるのが学習者の感覚の喚起や知的理解を促す教材として使われる実物（博物館教育的にいうならば「資料」）である。ペスタロッチー自身，ブルクドルフ学園の教育実践（ペスタロッチーはこの学校で『メトーデ』の教育思想の実践を行った）では実物を用いた教育活動を行っている。ペスタロッチーに思想的影響を受け，実物教授論をアメリカ合衆国で唱道したのがノーマン・アリソン・カルキンズである。

　カルキンズは1822年，アメリカ合衆国ニューヨーク州ゲインズビル（Gainesville）に生まれた。18歳よりニューヨーク州カスティール（Castile）で

教員を勤めたのち，1847年にニューヨークで *Student* という月刊誌を編集した。カルキンズが実物教授論を唱道した主要な著作としては *Primary Object Lessons for Training the Senses and Developing the Faculties of Children: A Manuel of Elementary Instruction for Parents and Teachers*（1861）や *The Manual of object teaching*（1882）等がある。この2冊のカルキンズの著作は教育理論書というよりも，教育実践のためのマニュアルといえるもので，彼の教育観に基づき，授業方法等を具体的に示している。

　カルキンズは，真の教育とは書物を読むのではなく，実物を通した観察，実験，実践より始まると主張している。例えば，カルキンズは *The Manual of object teaching* において，「実物教授論の目的は子どものすべての能力の全人的発達と知識習得において，子どもの能力を正しく行使すること」[2]と述べている。

　実物教授論の学習プロセスであるが，カルキンズは学習者の発達段階を考慮して，3段階に分けている。第1段階では就学時以前の幼児から小学校1年生ぐらいまでの子どもを対象にしている。この段階の子どもの学習目標は学習者の認知力の発達にあり，実物に関する知識の取得ではない。学習者は教師のサポートのもとに，実物に触れながら，認知力の発達を目指す。より具体的にいえば，学習者が実物の色，形，硬軟，重さなどを認知することが目的となる。第2段階では，初等教育課程低学年の児童を主たる学習対象者とする。この段階では学習者の認知力の発達と実物の知識教授の両方を学習目的とする。この段階の学習者に用いる実物教材は学習者の個人的体験に即したものであるように配慮する。教師は学習者の能力に適した実物を使い，学習者が自分の能力を正しく行使できるように教育活動を組み立てなければならない。そして，この段階における学習はあくまでも学習者を主体にするべきであり，教師が学習者の主体的な活動にとってかわってはならない。第3段階の実物教育の目的は，学習者がこれまでに取得した知識を用いながら，新しい知識を取得できるように促すことである。より具体的に説明すると，第3段階の実物教育では，教師は学習者に身近な実物をじっくりと観察させ，次にその実物と関連する知識を教授する。例えば，ネコを学習対象にした場合，ネコについての学習だけにとどまるのではなく，ネコ科の動物の知識の

取得も行う。観察等を通してネコの体（頭，歯，鉤爪，足，耳，目をじっくり観察する）や習性を教授する場合に，ネコに関する知識だけではなく，ネコの体や習性と比較しながら，ライオン，トラ，ヒョウ，オオヤマネコ，ジャガー等の形態や習性も教授することが重要なのである[3]。

　実物教育を行ううえで注意すべきことは，教師は学習者が発見すると予想される知識を事前に話さないことである。教師の役割はあくまでも，学習題材を選び，その題材を学習者に知らせることであり，実物をどのように観察するかは学習者の主体性にまかせる。

　実物教授では実物教材が望ましいことはいうまでもないが，実物がない場合は絵図等を用いて教育活動を行うことも可能である。例えば動物の絵画をみせながら，学習者に動物の名称や動物の体の部分を覚えてもらう活動を行うことも，身近な動物の絵図をみせて，牛は牛乳を与えるなど，身近な動物が人間の生活にどのように役だっているか考える学習を行ってもよい。

　絵図を通した学習に関していえば，実際にカルキンズはマーシャス・ウィルソン（Marcius Wilson 1813-1905）が主として制作した学校家庭用絵図（School and Family Charts: accompanied by a manual of object lessons and elementary instruction）の共著者にもなっている。ウィルソンの学校家庭用絵図は明治初期における文部省刊行の教育用掛図の参考資料になり，カルキンズの実物教授論も翻訳されるなど，日本の近代教育にも大きな影響を与えている[4]。

(2) ジョン・デューイ（John Dewey）

　デューイはアメリカ合衆国の哲学者，教育学者である。デューイは教育を人の成長過程と一体化して捉え，経験の哲学を説いた。その一環として実物教育がある。

　著書『学校と社会』（*The School and Society*, 1899）のなかで，デューイは自然と直に触れることや現実の事物や材料を取り扱うことで知識を身につけることが必要であると述べる。そして，こうした教育を具体的に行う場として博物館が提唱される。

　『学校と社会』では織物作業を行うための理想的な学校について語っているが，そのなかで博物館での学びについても，次のように述べている。「こ

のような理想の学校であるためには，つぎのような種類のものがあって然るべきであろう。すなわち，まず第1には，充実した産業博物館であって，ここには生産の種々なる発達段階に必要とされる様々な資材や材料のサンプル，およびそれらの資材や材料を取り扱うのに使用されるいろいろな道具が，最も簡単なものから複雑なものまでの順で陳列されている。それから，それら資材や材料がもたらされる風景や場面，つまり原産地や加工場などの生産現場を示す写真や絵のコレクションが，そこに備え付けられている。こうした収集があれば，芸術と科学と産業との総合がなされるが，そこでおこなわれるレッスンは生きいきと連続的な仕方でなされるようなものとなるであろう。そこではまた，イタリア，フランス，日本，東洋諸国の織物にみられるような，見事に完成された織物の形式のサンプルも陳列されるであろう。また，生産物のなかに織り込まれているデザインや装飾についての由来を，具体的に説明するような事物もそろえられているであろう」。

　上述のように，デューイは学校における教育活動（織物作業）の実践にあたり，博物館を包含した活動を提示している。

　また，著書『民主主義と教育』（*Democracy and Education: an introduction to the philosophy of Education* 1916）において，デューイは「実感のない」教えが，学校教育等で行われることに危惧している。「実感のある」教育と「実感のない」教育では，ある絵画について専門的な説明を読むのと，その絵を見るのとの違い，あるいはただその絵を見ることと，それによって感動を受けることとの違いが生じる。そこで，学校等で学習者に事実や観念の知識を教授するためには，学習者が自分で参加して，そのことを伝える教材の意味や教材がもたらす問題をはっきり悟ることのできるような，真実の状況を用意しなければならないと述べる[5]。そして，デューイは遊戯や活動的な作業を学習者が深くものごとを理解し，実感するための方法として挙げている[6]。こうしたデューイの指摘を参考にしながら，博物館教育もどのように学習者に「実感のある」教育を提供できるか考えることが肝要である。

（3）ピアジェ（Jean Piaget）

　スイスの心理学者であるピアジェも博物館教育に影響を与えている。ピア

ジェも学習は環境との直接的な相互作用の結果であると述べ，子どもから成人に至るまでを四つの発達段階，「感覚的運動段階」「前操作的段階」「具体的操作段階」「形式的操作段階」に分けて考えた。

　まず「感覚的運動段階」は誕生から 2 歳ぐらいまでの段階にあたる。このときに子どもは自分が行う身体的活動について理解する。次の「前操作的段階」は 2 歳から 7 歳ぐらいまでの段階である。この段階で子どもは象徴的に考えることができるが，知識を体系的に捉える「操作」はできない。系列化，分類，計算ができるようになる「具体的操作段階」は 7 歳から12歳ぐらいまでの段階である。この段階で子どもは「いまここ」の段階で「具体的な問題」について論理的に考えられる。最後が「形式的操作段階」で，成人において獲得される思考形式とされる。科学的な推理において抽象的な課題について考えることができるようになる。

　ピアジェの理論は能力が表れてくる子どもの年齢に差異があることなどから，批判もあるが，子どもの世界観や認知が成人と異なることを示した点で意義がある。ピアジェの理論は子どもを対象とした博物館教育プログラムやハンズオンなどのインタラクティブな教育プログラムを考えるうえで参考になる。また彼の理論は次のハウゼンの「美的発展論」に影響を与えた。

（4）ハウゼン（Abigail Housen）
　アメリカの心理学者であり美術教育学者であるハウゼンは「美的発展論」（Aesthetic Development）という理論を提唱した。この理論は，「芸術作品を鑑賞する」という手法は誰でも均一であるわけではたく，鑑賞者の経験や能力によって異なることを提示した。ピアジェから影響を受け，ハウゼンは個人の力量によって作品鑑賞のアプローチ方法も変化することを論じた。

　ハウゼンは実証的なデータを基にしながら，絵画をはじめとする美術作品の鑑賞者の見方は五つの段階に区分できると述べた。その 5 段階とは，（1）説 明（Accountive）（2）構 成（Constructive）（3）分 類（Classifying）（4）解 釈（Interpretive）（5）再創造（Re-creative）の五つである。

　（1）「説明」の段階では，鑑賞者は自分の感性，記憶や自分の知っていることと鑑賞活動と結びつけ，物語を語るように鑑賞するという。つまり，こ

の段階では自分の好みに合わせて鑑賞を行う。（2）構成の段階では，鑑賞者は自分の認知力や自然の世界に対する知識，社会的及び道徳的価値観，美術作品に依拠する枠組みをつくり，それに依拠して鑑賞する。（3）分類の段階では，鑑賞者は美術史家のように美術の流派，スタイル，時代背景などから解釈する。この段階では鑑賞者は，芸術作品を美術史家のように区分すれば，作品の意味やメッセージは解釈出来ると考える。（4）解釈の段階では，鑑賞者は作品に直接に向き合おうとする。作品を詳しく観察し，その意味を少しずつ読み解いていく。この段階の鑑賞者は作品に描かれている線や形，色などにも注意を払う。こうした作品に対するアプローチは作品を新たに解釈する可能性をもつ。（5）再創造の段階では，鑑賞者は作品を親しい友人のように観察する。そして，作品自体の本質に迫る。知識や経験よりも，超越的な観点から，鑑賞者は子どものような率直に作品に向き合う円熟した境地に達する。ハウゼンの理論はアメリカ合衆国を中心とした芸術作品を用いた博物館教育活動に大きな影響を与えている。

（5）ハイン（George E. Hein）

　ハインは博物館教育と評価の研究で著名なアメリカの博物館研究者である。ハインは自著『博物館で学ぶ』（鷹野光行監訳　同成社，2010年）のなかで，知識に関する理論と学習に関する理論を提唱している。知識に関する理論においてハインは物事の捉え方を「実在論」と「観念論」に分ける。

　「実在論」とは真の「知識」は人間の外に存在するという考え方である。従って「実在論」の立場で学習者は「外」の「知識」を正しいものとして受容することが求められる。「恐竜は6500万年前に絶滅した」「地球は太陽の周りを回る」など，学習者が知識として体感していないことを「事実」として受け入れることもハインの述べる「実在論」の立場に含まれる。教師が学習者に知識を一方的に供与する暗記中心型の学校や予備校の授業などは「実在論」の立場にたっている場合が多い。

　もう一つの立場は「観念論」の立場である。ハインの説く「観念論」の立場では「知識」は人間の心の中に存在するのであって，「心の外にある」事物と対応しているわけではないという見解である。この場合，「知識」は内

面にあり学習者によって構成されると解釈される。

　「実在論」をとるか「観念論」をとるかによって展示や博物館教育方法は大きく異なる。「実在論」の立場に立つ場合，教育活動は資料や解説パネル，映像資料を通して，学習者が学習者の外に存在する「正しい知識」や「正しい情報」に導くように構成される。これに対して「観念論」の立場にたつ場合，知識は「学習者の心にある」という観点から，学習者の関心，問題意識，解釈の方が重視される。したがって「観念論」の立場に立つ展示や教育活動では「実在論」のように一つの解釈を来館者に示すことはしない。

　次にハインは学習に関する見解を二つ提示する。一つは，学習者は受動的に知識や技術を習得するため，学習は漸進的に行われなければならないと捉える「受動的学習論」である。もう一つは，学習は能動的に行われ，学習者は学びを通して自己の内面の再構築を行うものとみなす「能動的学習論」である。この二つの観念（「実在論」と「観念論」）と二つの学習方法（「受動的学習方法」と「能動的学習方法」）を組み合わせてハインは次にあげる四つの教育理念を提唱している。

①解説的教育理論（実在論＋受動的学習）
「実在論」と「受動的学習方法」の組み合わせによる。この手法では，学問分野を簡単な内容から難しい内容に階層的に序列することが行われる。また始まりと終わりのある「ストーリーを展示すること」が求められる。この方法は暗記中心型の日本の学校教育によくみられる。現在，この形態の展示や教育活動を行っている博物館は少なくない。博物館学芸員による解説型のギャラリートークなども解説的教育論に含まれる。しかしながら，こうした方法は学習者の主体的学習態度の形成という点で課題がある。

②刺激反応理論（観念論＋受動的学習）
　「観念論」と「受動的学習方法」の組み合わせによる。知識や技術を受動的に習得するという点では解説的教育理論と同じであるが，学習対象の客観的な真実性を主張することはない。刺激反応理論から構成された展示や教育プログラムは，学習者に繰り返し刺激し，望ましい反応にほうびを与えると

いう仕掛けをもっている。ハインは『博物館で学ぶ』のなかで，刺激反応理論の立場をとっている博物館はほとんどないと述べている。

③発見学習理論（実在論＋能動的学習）

　「実在論」と「能動的学習方法」の組み合わせによる。発見学習理論を用いた博物館教育活動の場合，博物館は学習者が主体的な活動を行って，博物館が準備した「解答」にたどりつけるように配慮する。展示室の「ハンズオン体験」や「ディスカバリールーム」での学習など，博物館でのインタラクティブな活動がそれにあたり，科学館などで利用されることが多い。しかしながら，学習者が博物館でのインタラクティブな活動を通して，博物館スタッフが期待する教育効果を得ることを保証するものではない。

④構成主義（観念論＋能動的学習）

　「観念論」と「能動的学習」の組み合わせによる。この立場では博物館は正しい知識を与えるのではなく，知識を解釈する場であるとの立場をとる。展示や教育プログラムも学習者が既に知っていることと結びつけるような工夫がなされる。構成主義的な考え方をした場合，来館者が展示や博物館教育プログラムから受ける印象や学習内容は十人十色ということになる。ハインは構成主義による展示の特徴として，「どこから見てもよく，展示のはじまりも終わりも決められていない」，「様々な能動的学習様式や見方を提示する」，「学習者の体験が活かされるような工夫がされている」ことなどを挙げている。構成主義に対する批判としては，この理論に基づき博物館の展示や教育プログラムが何の意味ももたないのならば，それは博物館とはいえないのではないかという見解や，倫理的課題を扱う博物館に構成主義的な手法が適応されるかなどの問題が挙げられている。

　以上，ハインの四つの教育理念を論じてきたが，実際の博物館の展示や教育活動は，これらの理念のどれか一つに固執して構成されているわけではない場合の方が多いであろう。しかしながら，ハインのこうした考え方を学ぶことにより，博物館教育活動を企画する場合，「楽しいから」というだけで

ただ漠然と行うのではなく，基礎となる考え方をふまえて企画を立てられるようになるかもしれない。

(6) 第三世代の博物館

　日本の博物館学の研究者である伊藤寿朗（1947-1991）が唱えた概念で，日本における博物館の発達段階を示す造語である。伊藤は『市民のなかの博物館』において，日本の博物館の発達段階を3つに分けて，第一世代，第二世代，第三世代の博物館と呼んでいる。第一世代の博物館では国宝や天然記念物など，希少価値をもつ資料保存を運営の中心に置く博物館である。第一世代の博物館利用者像は，博物館訪問は特別な機会に行う非日常的な出来事であると捉えている。第二世代の博物館は多様化した資料を保有し，その公開を前提としている。公立博物館が第二世代の博物館の典型であり，学芸員という専門的職員が登場するのもこの世代からである。第二世代の博物館利用者像は博物館を知的好奇心，探求心を満たすための見学施設と捉え，展示のほかにも，博物館で開催される一過性の教育事業などを利用する。第三世代の博物館は，社会の要請に基づいて，必要な資料を発見し，あるいはつくりあげていくもので，市民の参加，体験を主とする博物館である。第三世代の博物館利用者像は博物館を日常的，継続的に利用して，地域や社会に内包する新しい価値を発見し，課題を提起する[7]。

　伊藤の唱えた「第三世代の博物館」は博物館教育の視点を資料から利用者に移すものとして注目されている。例えば，小原千夏は「博物館教育の目的に関する多層的考察」という論文のなかで，「その後，伊藤寿朗によって提示された『市民の参加・体験を運営の軸とする博物館』という新しい博物館像によって，博物館教育の方向性は大きな転換をもたらされた。伊藤は，博物館で展開される実物を使った教育を単に博物館側から見るのではなく，博物館利用者側の学びの視点で考える必要性を明らかにした」[8]と述べ，伊藤が「第三世代の博物館」を提言したことにより，日本の博物館の方向性が変化したことを認めている。ただ，伊藤寿朗の「第三世代の博物館」は，あくまでも伊藤の分類であり，今日においても博物館主体の解説型の教育活動が活発に行われていることを忘れてはならないし，こういった教育方法を時代

遅れとすべきでもない。

学習課題 (1) 本書で書かれたこと以外に「博物館で学ぶ」意義は何か考えましょう。
(2) 博物館の展示や教育プログラムでピアジェが論じたような発達心理学的な面は活かされているか考えましょう。

参考文献 ・ジョージ・E・ハイン『博物館で学ぶ』鷹野光行監訳，同成社，2010年
・ジョン・デューイ『学校と社会』宮原誠一訳，岩波書店，1957年
・ジョン・デューイ『民主主義と教育』金丸弘幸訳，玉川大学出版部，1984年
・辻秀人編『博物館　危機の時代』雄山閣，2012年

註 1）この件に関しては烏賀陽梨沙「アメリカの美術館教育の発展に関する要因についての一考察：1990年代以降を中心に」『美術教育学』第35号（2014年3月）に詳しい。
2）Norman Allison Calkins, *Manual of object-teaching*, （New York: Harper & Brothers）1882, 15.
3）Ibid., 20.
4）明治期におけるカルキンズの著作の翻訳としては，金子尚政訳，高橋敬一郎編『小学授業必携』（慶林堂蔵版　1875〔明治8〕）年や加爾均著　黒澤壽任訳『（加爾均氏）庶物指教』（文部省〔印行〕1877〔明治10〕）年等がある。
5）デューイ著　金丸弘幸訳『民主主義と教育』玉川大学出版部，1984年，320頁。
6）デューイ著『学校と社会』講談社，1998年，150-151頁
7）伊藤寿朗著『市民のなかの博物館』吉川弘文館，1993年，141-148頁。
8）小原千夏「博物館教育の目的に関する多層的考察」鷹野光行，青木豊，並

木美砂子編『人間の発達　博物館学の課題—新時代の博物館経営と教育を考える』同成社，2015年，114頁。

第 2 章 | 博物館における学びの特性

　現在多くの博物館で教育活動が行われ，年々活動に対する期待や関心が高まっている。博物館は訪れる人に展示に対する興味や関心を抱かせ，展示物に関する専門的な知識や経験，何らかの学習活動のきっかけとなるような体験を提供するために，働きかけを行っている。ここでは，展示・博物館教育をもとに，博物館での学びの特徴や利用者の博物館における体験について考えていく。

キーワード | 博物館教育　展示　学習　学び　体験　記憶

第1節　展示の意義

（1）博物館での学び

　人々が博物館を訪れる動機は様々であるが，博物館を訪れる多くの人々がまず目にしたいと思うのは展示であろう。展示は博物館という機関を特徴づける重要な活動である。そのため，博物館は訪れる人に展示に対する興味や関心を抱かせ，展示物に関する専門的な知識や経験，何らかの学習活動のきっかけとなるような体験を提供するために，様々な働きかけを行っている。その働きかけこそ，展示および博物館教育の本質的部分である。したがって，博物館教育の基本的要素は第一にコレクションおよび展示であり，これをもとに様々な教育プログラムが展開されているのである。

　近年，学習に対する人々のニーズは，多様化，個別化，高度化，専門化し

てきている。博物館としても，それぞれの施設の特徴やコレクション・展示を活かしながら学習機会の充実を図ることが求められている。また，博物館におけるボランティア活動を推進することも，生涯学習社会においては大切なものとなっている。博物館では一定の研修期間を経て，ボランティアの人たちに活動の場を提供しているが，これは人々の社会参加を支援するだけではない。博物館活動をはじめ，展示の解説や関連事業の補助などを行うことは，ボランティアの人たちにとって学びの場でもある。

(2) 展示の教育的目的

　2017年に改訂された ICOM（国際博物館会議）規約では「博物館とは，社会とその発展に貢献するため，有形，無形の人類の遺産とその環境を，教育，研究，楽しみを目的として収集，保存，調査研究，普及，展示する，公衆に開かれた非営利の常設機関である」（第 3 条第 1 項／ ICOM 日本委員会の訳文）としている。ICOM 規約に記された博物館の定義は社会環境や時代の変化とともに変わってきてはいるが，人々の研究・教育・楽しみのために，博物館活動を実践するのが，今の博物館の方向性である。

　ここでいう研究とは，博物館を利用した研究者による研究もあるだろうが，もっと幅広く人々の学びを指している。したがって，利用者主体の学びであり，教育とは博物館を利用した教育活動全般になる。これらに対して楽しみは娯楽という意味である。娯楽とは，一般的に人の心を楽しませ，慰めるための活動や行為をさし，労働や学業などの義務的行動とは異なる性格をもつ。哲学者の戸坂潤は，「娯楽は或る意味で，消極的な弁解的な特徴を有している。暇つぶし，退屈凌ぎ・休息・慰安というものとごく近い点があるからである」「暇つぶしや退屈凌ぎに，娯楽というものを利用するということはある。事実娯楽はこういう消極的な自己弁解の形式に，或る積極的な感興をさえ与えることが出来る。娯楽は社会的に成立した或る特殊な積極的内容を持っているからである」（戸坂，1966）としている。つまり，娯楽は暇つぶし，退屈しのぎ，休息，慰安という側面もあるが，娯楽は社会性と積極性をもった活動という特徴があるとしている。確かに，楽しみを目的に博物館を訪れる人は，社会性と積極性をもっている。人が博物館を利用する動機が，楽し

みや心の慰めのためであるとしても，人は知らず知らずのうちに博物館から何かを得て，それが楽しさや慰めにつながっているのである。このことからすれば，展示は人に対して何かしらの教育的効果を投げかけているといえるだろう。

　展示とはある特定の公開の場で，目的をもった意図のもとにある事物を利用者に示すと同時に，その空間をつくり，表現する技術である。展示では展示の送り手となる博物館側が目的をもった意図のもとに利用者へある事物や情報を提示している。学芸員の綿密な調査・研究とそこから得られた情報をベースに，資料や情報を整理し，組み立てながら展示の構想を練りあげ，それを空間的な配置へと置き換えているのである。今日の展示は博物館からの積極的な情報発信として，明確なメッセージを持ち，誰にでも受け止められるよう工夫して展開される「メッセージ主導型」が主流となっている。したがって，展示はあるテーマのもとに選択された展示物，およびその配列に込められた博物館側の意図など，様々な情報を利用者に伝えようとしているのである。

　一方，利用者は展示から，歴史，芸術，自然，文化などに接することで，雰囲気を楽しみ，教養や知識を深め，感動を受けたり，発見をしたり，自然や文化に親しむなど様々な体験を博物館から持ち帰る。これはいうなれば，個人の受容に任せられているもので，博物館側からの強制的な押し付けではない。

　このような，博物館側の意図する情報提供と利用者主体の博物館体験によって，博物館の展示は成立しているのである。しかも，これは展示がコミュニケーションの一形態であることを示している。

第2節　学びとは

　ここでは，人が学ぶことについて考えてみたい。一般的に，学習とは「特定の経験による比較的永続的な行動の変容」，あるいは「経験によって知識やスキルを増すこと」などと定義される。つまり，一定の経験をした後に，

行動の仕方にある程度持続性のある変化が生まれることや，行動や思考に何らかの影響を与える知識，技能が生じることをいう。したがって，同じ行動様式の変化でも，経験によらない成熟，老化に基づく変化，病気，外傷，薬物などによる変化は学習とはいえない。また疲労や飽きは，回復可能な一時的変化にすぎないので，これも学習とは区別される。子どもの発達過程では，たとえば言葉や歩行の習得のような学習が，長期にわたって行われている。しかしこの場合，行動様式の永続的変化といっても，多様な経験に基づいて，広い範囲の行動が変化するのであって，この過程はとくに「発達」と呼ばれる（『世界大百科事典』第 2 版，2006）。

　英語の learning は辞書を見ても，「学ぶこと・学習」として，「学び」と「学習」を区別していないが，1980年以降の認知科学の研究者は，「学習」に代わって，「学び」という用語のほうを好んで使用するようになった。これは，「学び」と「学習」には違いがあるという考えからきている。目標を必要とする「学習」は学校での勉強のように達成すべき目標があり，それによって方法・課程・評価を決めていくものである。

　一方，教育機関での学習とは異なるもうひとつの「学び」は「徒弟的学び」という。ジーン・レイヴとエティエンヌ・ウェンガー（1993）は，人間が文化的共同体の実践に参加し，成長していく過程を「状況に埋め込まれた学習 – 正統的周辺参加」と呼んだ。つまり，徒弟制度のように弟子（学習者）が親方の観察や実践から技や知恵を学び，習得するようなものである。親方から「教える」という行為がなされなくても，そこには弟子の学びがある。このような徒弟的な関係や社会生活の中でも学びが存在するという考え方が「状況的学習論」である。もちろん，弟子が技術を得てそれを生業（なりわい）とすることが目標であるともいえるが，人間は社会や集団の中で，目標など意識せず，教えられなくても様々なことを学んでいるのである。

　以上のことをふまえながら博物館教育をみると，博物館の教育プログラムには，講座や講義のように意図する目標をもった「学習」（目的重視型）もあれば，体験学習やワークショップのように「状況的な学び」（過程重視型）もある。この両者をもって，「特定の経験による比較的永続的な行動の変容」や「経験によって知識やスキルを増すこと」を目指しているといえる。

第3節 博物館利用者の体験

　アメリカの博物館学研究者で，スミソニアンにおいて教育研究をしてきたジョン・H・フォークは，リン・D・ディアーキングとともに，人々がいかに博物館を利用するのかを検証し，来館者の視点から博物館における体験を分析・整理した。1992年の『博物館体験』（*The Museum Experience*）では，来館者の博物館体験を三つのコンテキストからとらえるモデルを提唱した。フォークとディアーキングはこの三つのコンテキストが重なり合った部分に「相互作用の体験モデル（Interactive Experience Model）」（邦訳ではふれあい体験モデル）が生じるとした。彼らはその後このモデルに時間の要素を加えた「学習文脈モデル」へと発展させている（フォーク＆ディアーキング，1996）。

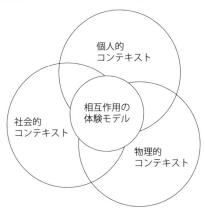

コンテキスト	体験に影響を与える諸要素
個人的コンテキスト 　個人に関する状況	来館者一人ひとりの過去の経験，来館の理由などは，人によって様々である（動機，期待，知識，関心，信念，心理的・生理的状態など）
社会的コンテキスト 　人とのコミュニケーションによる状況	誰と来たか，その集団としての行動，博物館で出会う人々も，博物館での体験に影響を与える（一緒に来館した人同士のやりとり，博物館スタッフとの接触など）
物理的コンテキスト 　物理的な環境による状況	博物館の空間そのものも博物館体験の重要な要素になる（音，におい，光，雰囲気，空間，環境，展示物，建物，施設，設備など）

図2-1　相互作用の博物館体験モデル

いずれにしても，これらの要素は博物館を訪れる人にとって，必ず関係するものである以上，何かしらの影響を受けて記憶となって残る。あるいは，まったく記憶に残らないかもしれない。

　筆者が担当した博物館学の授業で，学生たちに子ども時代の博物館利用の記憶について聞いたところ，記憶に残っているものについては，やはりこの3つのコンテキストのうちの何かが作用している。それらをまとめると表2-1のようになる。プラスとしたのはどちらかというとよい思い出，マイナスとしたのはどちらかというといやな思い出である。

　ここで，注目したいのは，記憶に残る体験は，大きく2つの性格をもっていることである。つまり，よい体験と悪い体験である。よい体験は，自分にとってうれしい，楽しい，感動したり，充実感や達成感を味わえたり，何かプラスの状態になるものである。一方悪い体験とは，叱られたり，怖かったり，不安をおぼえたり，あきてしまったり，いやな感じを受けたりしたことなど，マイナスの要因といえる。このうち，動物の匂いや生臭さなど，生物のもつ本質的な部分を嫌った回答は，一概にマイナスとはいえない体験である。したがって，これをどのようにプラスに変えていくかが問われる部分も含まれている。

　神経心理学者の山鳥重（やまどりあつし）は記憶に残る個人的側面での条件を次のように説明している。

表2-1　子どもの頃の記憶に残っている博物館体験の例

コンテキスト	プラス	マイナス
個人的コンテキスト	感動した／面白かった／どうしても見たい作品があった／好きな作家がいた	風邪を引いていた／しかたなくついて行った／ぜんぜん理解できなかった
社会的コンテキスト	家族でお弁当を食べて楽しんだ／解説員の人がやさしかった／親にぬいぐるみを買ってもらった／離れて住んでいるおじいさんと一緒に行った	博物館の人に怒られた／友人と話していて注意された／友人とケンカした／展示室内を走って先生に叱られた
物理的コンテキスト	イルカに触れた／映像が美しかった／アシカのショーに驚いた／建物がかっこよかった／博物館から見た緑がきれいだった／教科書に載っていた作品があった／土器に触れられた	館内で迷子になった／トイレの場所がわからなかった／トイレが汚れていた／薄暗くて怖かった／水族館で生臭い匂いがした／動物の匂いがいやだった／歩きすぎて疲れてしまった

①そのときの意識水準

　脳は意識がぼんやりしているときの経験を後に残してくれない。情報受容のための機能的枠組みが弛緩しているためである。意識がしっかりし，注意が自分で制御できる状態にあるときだけ，脳は出来事を一定の文脈を持つ構造として取り入れることができる。注意を集中できたものは脳に登録されやすいということになる。簡単にいうと「注意を集中できないことは覚えられない」。

②経験する出来事がどれくらい自分の心の枠組みに適合しているかどうか

　新奇な事象に遭遇した場合，我々はこの事象を自己の経験の枠組みのどこかへ嵌め込まなければならない。脳は自分の枠組みに合わないものを取り込む手段をもたないから，その情報の登録を拒否するしかない。言い換えると，経験が作り出す枠組み，すなわち最も広い意味での「意味」が理解できない対象は記憶できない。たとえば，いきなり聞かされた外国語単語の系列を決して記憶できないのは，その系列を受容する音韻の枠組みをもたないためである。あるいはいきなり教えられたパソコンの手順を一度で決して記憶できないのは，その手順のもつ意味を受容する手がかりが準備されていないからである。単純にいって「わからないことは覚えられない」。

③感情

　興味のあることは知らず知らずの間に覚えているが，興味のないことは努力してもなかなか頭に残らない。あるいはうれしかったことは思い出しやすく，辛かったことは忘れやすい。あるいは逆に辛かったことは忘れられないが，うれしかったことは忘れてしまう。あるいは自分に都合のよかったことは覚えているが，都合のよくなかったことは忘れてしまう。すべての心像経験の基盤には感情があるので，マイナスであろうが，プラスであろうが，強い感情に基づいた経験は記憶されやすい。新奇なものに対する好奇心という感情が働かなければ，その新奇なものはたとえ知覚領域まで拾い上げられたとしても，それ以上に深い処理領域へ持ち込むことはできない。つまり我々は「感情に裏打ちされたものごとしか覚えない」（山鳥，2010）。

人が何かを覚えようとする際，また何か記憶として残っているものを整理すると，「注意の集中」「理解できる」「感情に裏打ちされたものごと」ということになる。前述したプラスとマイナスの体験は「感情に裏打ちされたものごと」にあたる。したがって博物館の利用者にとって，博物館体験を記憶に残るようにするためには，この3要素およびフォークとディアーキングのいう3つのコンテキストを考慮して，利用者に働きかけを行う必要があるだろう。もちろん，マイナスの感情ではなくプラスの感情による記憶形成であることはいうまでもない。

第4節　よりよい博物館体験のために

　人間にとって記憶は生きるうえで欠くことができないものである。記憶なしでは物事を認識することも，行動することも，コミュニケーションを取ることもできない。記憶は外部にある情報が五感を通して内部に取り込まれるが，人間の記憶は種類の違う機能をもっている。リチャード・アトキンソンとリチャード・シフリンは記憶の貯蔵庫という概念をもとに，「多重貯蔵モデル」を提唱した。これは，情報が最初に感覚登録器（感覚記憶）に一時保存され，保存された情報から選択されたものが短期貯蔵庫（短期記憶）に転送される。その中から一部の情報が長期貯蔵庫（長期記憶）に転送されるというシステムになる。

　感覚記憶は，外部から入ってくる情報を保持するとともに，必要なものを選択して保存しているという。しかし，その情報量は多いが，保存される期間はひじょうに短い。そして入ってきた情報に注意を向けて，選択された情

図2-2　記憶の多重貯蔵モデル（ジョナサン・K・フォスター『記憶』星和書店，2013年をもとに作成）

報が短期記憶として一時的に保持される。短期記憶は数十秒から数分間までの記憶のことで、その時間以上脳に留めるには、記憶がなくなる前に何度も繰り返す（リハーサル）ことが必要になる。これによって、必要ないし重要な記憶が長期間にわたり定着していく。これが長期記憶であり、一般的に記憶と呼ばれるものである。

記憶の3段階モデルはいわば、記憶の持続時間からの分類といえるが、安定した記憶である長期記憶をみると、記憶の性質の違いによりいくつかのタイプに分けられる。エンデル・タルビング（Tulving, 1978）は、日時、場所に関連する出来事（経験）に関わる記憶をエピソード記憶と名付けた。ある日、あるとき、ある場所で行ったことや起きた出来事の記憶である。一方、日時や場所などに関係のない、一般的に知識と呼ばれるような記憶は意味記憶と呼ばれる。ラリー・スクワイヤー（Squire, 1987）は、さらにエピソード記憶と意味記憶のほかに、身体で覚えたような記憶を手続き記憶と区別した。

博物館で何を見たか、何を聞いたか、何をしたか、何を感じたか、何を考えたか、何を学んだかといった経験を記憶の分類にあてはめると、宣言記憶と手続き記憶の両方があることになる。宣言記憶には、いつ、誰と、どこに行ったかというエピソード記憶や博物館で学んだ知識のような意味記憶がある。また、博物館の体験学習やワークショップで経験した、身体で覚えた記憶もある。

博物館でいくらすばらしい体験をしても、これが記憶に残らない限り、その効果は半減してしまうだろう。人々の体験を長期記憶として残すには、「記憶の多重貯蔵モデル」のように「注意」「リハーサル」「転送」という流れを考えて、プログラムを作り上げる必要がある。そして、人々の博物館体

表2-2　記憶の分類

長期記憶	宣言記憶	エピソード記憶　昨日の夕食のメニューなどの自伝的出来事，水害などの社会的出来事などの記憶
		意味記憶　家族の名前や誕生日などの個人的な事実，言葉の意味などの社会的に共有する知識の記憶
	手続き記憶	自転車の乗り方やダンスの仕方など身体で覚えた記憶

験に影響を与える個人的コンテキスト・社会的コンテキスト・物理的コンテキストも考慮しながら，博物館教育の内容や指導法，事業の運営を整備していくことも，よりよい体験の重要なファクターとなるであろう。

学習課題 (1) フォークとディアーキングが提唱した来館者の博物館体験モデルを構成する3つのコンテキストを説明しましょう。
(2) 博物館の展示における教育的意義を説明しましょう。
(3) 博物館における学びの特性を説明しましょう。

参考文献 ・ジーン・レイヴ＆エティエンヌ・ウェンガー『状況に埋め込まれた学習——正統的周辺参加』福島真人解説，佐伯胖訳，産業図書，1993年
・ジョナサン・K・フォスター『記憶』郭哲次訳，星和書店，2013年
・ジョン・H・フォーク＆リン・D・ディアーキング『博物館体験』高橋順一訳，雄山閣，1996年
・『世界百科大事典』第2版，平凡社，2006年
・戸坂潤「娯楽論」『戸坂潤全集第四巻』勁草書房，1966年
・山鳥重「学びの脳科学——神経心理学から」『「学び」の認知科学事典』大修館書店，2010年
・Atkinson, R.C. & Shiffrin, R.M.（1968）. *Human memory: A proposed system and its control processes*. In K.W. Spence & J.T. Spence（Eds.）. *The Psychology of Learning and Motivation: Adventures in research and theory*, Vol. 2. Academic Press.
・Falk, John H. & Dierking, Lynn D.（1992）. *The Museum Experience*. Washington, D.C.: Whalesback Books.
・Falk, John H. & Dierking, Lynn D.（2000）. *Learning from Museums: Visitor Experiences and the Making of Meaning*. California: AltaMira Press.
・Squire, L.R.（1987）. *Memory and Brain*. NY. Oxford University Press.
・Tulving, E.（1972）. Episodic and semantic memory. In E, Tulving & W, Donaldson（eds.）, *Organization of memory*, Academic Press.

第3章 | 博物館教育の歴史的展開（西洋）

　英国の事例を中心に西洋の博物館教育の歴史的展開について概観する。博物館及び博物館教育はフランス革命以降，近代化政策の一環として発展し，博物館設立者側が公衆に知識，美的感性，倫理観などを体得させる場として機能した。しかし，20世紀後半に入り，知識社会に移行すると博物館教育のあり方も変化していった。博物館は公衆を教育する場ではなく，人々が博物館を利用して自ら学ぶ場に移行するべきだという考え方が広まったからである。

キーワード | 近代市民社会　フランス革命と世俗化　ヘンリー・コール
サウス・ケンジントン博物館　MGEP　鑑賞教育　構成主義
間接助成

第1節　近代における博物館教育

　博物館が所蔵している聖像，聖具，イコン，宗教画，絵画，彫刻，工芸品，家具，書物などの資料は博物館の展示を目的としてつくられてはいない。従って，博物館がそれらの資料を博物館の分類基準で展示すること自体，資料の本来の目的を逸脱することになる。しかしながら，西洋の博物館では博物館の計画によって収集された様々な資料が博物館の理念により，分類，整理され，公開された。

　近代的な意味での博物館活動はフランス革命以降のヨーロッパから生じた

といってよい。フランス革命の目的は「アンシャンレジームの打破」と表現されるように，これまでの伝統，慣習，秩序等を革命の理念に従って人工的に改造する試みであった。この試みの一環として，博物館の設立や博物館に類似した展示室を学校内に設け，フランス革命の理念に基づいた教育活動を進めようとする動きがあった。

　教育活動に博物館を活用する意義を提唱したのはフランス革命期の政治家，コンドルセ（Marie Jean Antonie Nicolas de Caritat, marquis de Condorcet, 1743-1794）である。コンドルセは『公教育に関する報告および法案』（Rapport et projet de decret sur l'organisation génèrale de l' instruction publique, presents á l'Assemblee nationale, au nom du Comité d'Instruction publique, les 20 et 21 Avril 1792）のなかで，教育は全ての年齢の人々を対象にして行うべきであると述べ，フランスの中学校内に成人も対象にした博物館施設を設けることを提唱した。

　ルーブル美術館がパリに開館したのもフランス革命後のことで，ルイ16世の処刑から１周年にあたる，1793年８月10日のことである。ルーブル美術館では王室や貴族，ローマ・カトリック教会の所蔵の美術品などを公開して，時代が変わったことを公衆に知らせた。第二帝政や第三共和政期においても，学校に博物館展示室が設けられ，動物の頭蓋骨，化石，ホルマリン漬けの蛇，火打石，斧などが展示された。

　英国ではフランスのような革命はなかったものの，政治家や知識人が主導して博物館を通した公衆の啓発を提唱した。より具体的にいえば英国の博物館政策はジェレミ・ベンサム（Jeremy Bentham, 1748-1832）やジェームズ・ミル（James Mill, 1773-1836）を中心とした功利主義的見解の影響を受けながら，進展していった。その意味でいえば，反伝統的と解釈することもできる。

　英国では1759年に大英博物館が開館するなど博物館自体は19世紀以前から存在していた。しかしながら，当時の大英博物館は公衆に広く公開された博物館ではなかった。大英博物館を見学するためには事前に入館許可申請書の提出が求められ，受け入れ入館者数も決められていた。また当時の大英博物館は資料に解説ラベルがつけられていなかったので，資料に関する知識のない公衆に配慮した施設とはいえなかった。英国の博物館で教育的配慮が行われるようになったのは19世紀以降のことである。

英国における博物館教育活動の先駆けはメカニックス・インスティチュート（Mechanics Institutes）の活動にみることができる。メカニックス・インスティチュートとは1823年以降に労働者を対象にして設立された成人向けの教育機関のことである。この施設はベンサムなどの功利主義者が関与し，労働者向けに自然科学や芸術科目に関する講義を行った。この施設は図書室をもち，教育活動の一環として展示も行われた。例えば機械類，科学器具，絵画，版画，地図などの資料の展示があり，展示資料に基づいた講義が開かれた記録もある。企画展も開かれており1830年から1840年までの間に，少なくとも50の展示会が開かれていたという。メカニックス・インスティチュートは19世紀後半には衰退し，展示品も拡散してしまったが，この時期になると英国では公衆の教育のために博物館を整備する動きがみられるようになる。

　例えば，英国の庶民院議員であるウィリアム・エワート（William Ewart, 1798-1869）は労働者階級の教育のために，いかなる入館制限もない公共博物館の設立が必要であると主張した。1845年にはエワートが中心になって博物館法を制定し，人口1万人以上の都市に公共博物館を創設・維持するための税の徴税権を与えた[1]。エワートは美術と製造業の関係が深いことを示すレポートを書き，それがサウス・ケンジントン博物館の前身たるデザイン学校建設の契機になった。英国の首相を務めたロバート・ピール（Robert Peel, 1788-1850）も公衆の教育のために博物館が必要であると考えた。ピールは1832年にナショナルギャラリーの移築支持の演説をした際に，美術作品は人々の感情を優しくさせ，階級間の融和につながり，社会秩序の維持にも有効な手段であると述べている。

　1851年には第1回ロンドン万国博覧会が開催された。この第1回ロンドン万国博覧会には鉄道を利用して，ロンドン近郊だけではなく，地方からも多くの公衆が見学に訪れ，入場者はのべ604万人にも達した。このロンドン万国博覧会をきっかけにして教育目的として公衆に資料を積極的に公開する動きが活発化する。

　例えば，ロンドン動物学協会の学芸員にジョン・グールド（John Gould, 1804-1881）という人物がいた。グールドは，このロンドン万国博覧会にあわせて動物学協会が所蔵する貴重資料のハチドリの剥製を一般向けに展示し

た。さらに翌年の1852年にも動物学協会のハチドリの剥製を公開している。この件に関して1852年6月12日の *The Illustrated London News* は、動物学協会とグールドがハチドリの剥製を再公開した理由として「全ての階級の人びとに自然科学に対する関心が高まっており、それに応ずるため」と記している。

1852年にはアルバート公（Albert, Prince Consort, 1819–1861）と功利主義者であるヘンリー・コール（Henry Cole, 1808–1882）がマールバラの工芸博物館を創設した。コールは1852年11月24日に、講演で以下のように述べている。「製造業の水準を上げるため

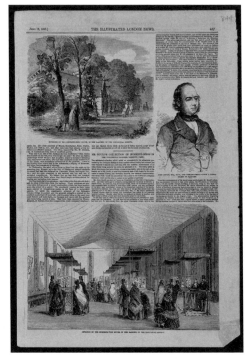

グールドがハチドリの剥製を公開することを
伝える *The Illustrated London News*

になすべき最も簡単なことは全ての国民の美術教育の質を上げることであります。……従いまして、公衆の鑑識力や嗜好の向上に関わる様々な利益を図ることが出来るような方法を開発することが、私たちの最初の目標となるわけであります。すなわち、消費者であり物の価値を見分けることの出来ます公衆、資本家であり製造者でもある製造業者、実際に物作りにあたる職人、こうした人々全ての利益を図ることが私たちの最初の目標なのであります」。

このようにコールは公衆の美感や技術水準を上げるための教育的施設として博物館を設置することを考えた。コールは「美」や「デザイン」にも客観的な基準があり、博物館の教育活動を通して人々の美的感性を向上させることができると考えていたようである。事実、コールが初代館長をつとめたサ

ウス・ケンジントン博物館（現ヴィクトリア・アンド・アルバート博物館）の前身であるマールバラの博物館では「悪いデザイン」とみなすことができる作品ばかりを集めた「誤った原理の展示」（an Exhibit of False Principle）という展示が設けられた。（この展示は「ぞっとする部屋」（Chamber of Horrors）として知られるようになったが，批判もあったために廃止されてしまった）。

　サウス・ケンジントン博物館が設立されたのは1857年のことである。アルバート公とコールはロンドン万国博覧会の収益金を活用して，この博物館を設立した。

　ここでは，絵画，彫刻，装飾美術品などのほかに，石膏でつくられた建築物の模倣（キャスト），製図類，教育関係資料，動物製品，科学器具類など多様な資料が展示された。特に注目するべき資料は教育関係資料であろう。1857年の科学技芸局（the Department of Science and Art）の年報はサウス・ケンジントン博物館の教育資料として校舎関係，付属器具，製版，机，石版，設計図，模型，文法，算数，数学，外国語，歴史を含む―教育用図書や資料，教育用美術，音楽，家政学，地理，天文学，地質学，鉱物学，植物学，動物学，自然科学，化学，物理学，機械学，障害者向け教具，体育関係資料を所蔵していると報告している。創設期におけるサウス・ケンジントン博物館を調査した研究書には，教育関係の資料として学校校舎の模型，消しゴム，黒板，石盤，地球儀，顕微鏡，調律笛，音叉，時計，ベル，笛，教科書類などの資料が展示されていたと書いている。このように創設期のサウス・ケンジントン博物館には学校教育と関連する資料の展示もあった。

　しかしながら，サウス・ケンジントン博物館は公衆の教育を主たる目的とした博物館であった。そのため，コールは様々な工夫を行って公衆に受け入れられる博物館作りを行った。その一つが展示方法の改良である。大英博物館の事例が示すように，この頃の博物館資料にはラベルがなく，資料の専門的な知識をもたない来館者はその資料が何であるのか理解することが難しかった。そこでコールは，来館者のことを考慮して資料にラベルをつけることを考案した。

　また，公衆向けに廉価な博物館のガイドブックを発刊した。特別展，講演会，セミナーなどのイベントも盛んに行った。一日の仕事を終えた労働者が

展示見学をできるように夜間開館のサービスにも取り組み，絵画ギャラリーは月曜，火曜，水曜は10時まで開館していた。家族で博物館の見学を楽しむことができるように館内には食堂も設けられていた。コールの設置した食堂は盛況で，博物館は展示のみならず，雨宿りや子どもを楽しませる場，あるいは食事をとるための施設としても活用されたという。サウス・ケンジントン博物館では，資料は博物館のあるロンドン周辺の市民にだけ供与されるべきものではないという考え方から，地方都市を巡回して博物館の資料や図書を市民に提供した。

　コールは博物館の教育活動を通して，公衆の生活改善を行う意図もあった。例えばコールは，労働者が博物館の見学を通して酒場通いをやめることを目指した。博物館の夜間開館や労働者が家族で楽しめるような食堂の設置もコールのこうした意図と関係している。

　コールは次のように語っている。「ぼんやりとしか灯りのついていない活気のない住居からジャケットをはおり，シャツの襟を小奇麗にした労働者が博物館にやって来ます。彼は 3 人， 4 人， 5 人のジャケットをはおった子どもたちと肩かけの下に幼児を抱き，自分の持ち物のなかでは最も上等な帽子をかぶった妻もつれて来ます。この労働者の一行が光り輝く博物館の内部空間を初めて見たときにみせる驚きと喜びのまじった表情は，この夜に彼らが受ける新しい歓迎されるべき健全な楽しみを表すのに十分でしょう。公立博物館の夜間開館は酒場に対する強力な解毒剤を供給することになるかもしれないのです」[2]。「博物館は労働者を知恵（Wisdom）と穏やかさ（Gentleness）で天国（Heaven）へと導くでしょう。酒場は労働者を獣のようにして，破滅へと導くでしょう」[3]。コールは博物館の日曜開館も発案した。コールは労働者が日曜日に酒場に入り過度に飲酒を行う傾向があることから，博物館を日曜の午後に開館し，健全な娯楽の場を提供することを望んだ。当時，日曜日は安息日とされており，コールの希望がすぐに実現はしなかったが，1896年には博物館の日曜開館が行われた。

　このように19世紀の英国の博物館は教育的機能をもつようになった。しかし，20世紀になると，博物館の教育的機能はしだいに目立たなくなっていった。1920年代頃になると博物館は教育機能よりも，コレクションの形成を重

視するようになっていった。博物館は主体的に活動を推進するよりも，学校に資料を貸与するなど学校教育の補完的機能を果たすようになっていった[4]。英国で再び博物館教育の重要性が唱えられるのは1990年代以降のことである。

第2節　知識社会における博物館教育
　　　　―英国の事例より―

　英国で博物館の教育的役割が再び強調されるのは1990年代以降のことである。この背景にはグローバルな規模で知識社会が形成されつつあった当時の時代状況がある。知識社会においては，創造性や批判力，情報分析能力やコミュニケーション能力などの資質が必要とされる。従って，教育手法も教師が児童，生徒に一方的に教授する手法ではなく，児童や生徒の学習のプロセスを重視したアクティブ・ラーニング型の学びが提唱された。こうしたアクティブ・ラーニング型の学習活動を行う場として，博物館を利用した学びの模索が始まった。また，博物館は多文化共生社会や社会的弱者の社会包摂の問題を考える場として利用することが提唱された。こうした問題に取り組むには多様な歴史資料や芸術作品を所蔵している博物館が適しているからである。さらに，博物館は資料を使いながら新しい技術を獲得するための学習の場としても活用された。例えば，専門家の指導のもとで学習者に資料をデジタルカメラで撮影させ，パソコンを使って教材を制作するプログラムなどが教育活動として行われた。

　英国で国家的プロジェクトとして教育改革が推進されたことも，この国の博物館教育を向上させる要因となった。特に，1988年に英国でナショナル・カリキュラムが導入されたことは博物館教育のあり方を変えた。この教育改革によって英国ではナショナル・カリキュラムの制定が行われた。そのため，博物館でもナショナル・カリキュラムを意識した博学連携の活動が行われるようになった。博物館教育の質向上の試みは労働党のブレア政権（1997年～2007年）の時期に行われた。例えば，イングランドでは地区ごとに核となる博物館がおかれ，政府が直接補助を行う制度が導入された。1999年から2004

年にかけては，学校教育と連携した博物館教育の質的向上を目的とした博物館，美術館教育プログラム（the Museums and Galleries Education Programme：MGEP）が行われた。このプログラムはイングランドの博物館を対象として第1期は1999年から2002年まで，第2期は2002年から2004年までの期間で行われ，レスター大学ミュージアム・アンド・ギャラリーリサーチセンター（the Research Centre for Museums and Galleries at the University of Leicester）が評価を担当した。第1期の博物館，美術館教育プログラムでは，学校教育と博物館が連携した博物館教育活動の開発を行う意味で，65の教育プログラムに300万ポンド以上の資金が供与された。その結果，国語，数学，歴史，情報などの教科と関連した教育プログラムが開発された。資金提供を受けた博物館は学校教育と連携してクリティカル・シンキング，課題解決能力，セルフエスティームの醸成等を目的とした教育プログラムの開発を行った。また，アフリカ関係資料の展示など多文化共生社会への対応や社会包摂と関連した教育プログラムの開発に取り組んだ館もあった。

　第2期の博物館，美術館教育プログラムでは学校と博物館の連携の組織化，博物館の教育活動の評価体制の整備，教員職以外の人々（芸術家，フリーランサー，ミュージアムボランティア，保護者）と連携した教育活動の推進などが提言として挙げられた。また，博物館教育活動を推進していくうえでの反省や改善事項も指摘された。例えば博物館教育活動の実施にあたるうえでの学校側と博物館側のコミュニケーション不足，カリキュラムを過度に重要視する学校側の教育姿勢に対する博物館サイドからの不満，博物館の提示する教育プログラムの内容と児童，生徒の能力に差があることなどが問題点として挙げられた。この時期の英国の博物館教育活動への取り組みは日本の博物館関係者も高い関心を示し，英国の博物館教育に関する書籍や論文が日本では数多く出版された。

第3節　アメリカ合衆国の博物館教育の歴史的展開

　アメリカ合衆国の博物館教育の特徴は二つある。一つはカルキンズやウィ

ルソンが唱導した実物教授やジョン・デューイの哲学など経験主義的な理論に依拠した学習者を主体とする博物館教育が重要視されていること，二つは博物館や博物館教育を運営するために，企業や個人が積極的に寄付を行っていることである。

　アメリカ合衆国では19世紀後半から博物館が本格的に設立されていった。スミソニアン協会（Smithsonian Institution）が創られたのは1846年である。ニューヨークでは1869年にアメリカ自然史博物館（American Museum of Natural History）が1870年にメトロポリタン美術館が（Metropolitan Museum of Art）設立された。ボストン美術館（Museum of Fine Art, Boston）の創立は1870年，カーネギー博物館（Carnegie Museums of Pittsburgh）の創立は1895年のことである。アメリカでも博物館の教育的な役割に対する意識は高く，1907年頃にはボストン美術館に展示解説員（docent）が配置されている[5]。

　アメリカの博物館の展示や教育活動の特徴は時事問題や実生活に関連したものが多いことが挙げられる。例えば，20世紀初頭に結核が流行したときにはスミソニアン博物館やアメリカ自然史博物館は防疫に関する展示を行った。その際に外国人の来館者でも展示が理解できるように，イディッシュ語，イタリア語，中国語に翻訳されたパンフレットもつくられた[6]。第二次世界大戦下ではアメリカ軍の兵士訓練所の近くの博物館では兵士たちに民主主義の価値を伝える展示を行った。1980年代には科学教育推進の観点からサイエンスセンターや子ども博物館の充実のために予算が投入され，子どもを科学好きにするためのハンズオン型の展示や教育活動が充実していった[7]。2001年9月11日の同時多発テロが起こったときは，博物館は入館無料の措置等が行われた[8]。

　アメリカでは学習者中心の立場に立った博物館教育活動への取り組みが盛んである。子ども博物館をはじめとする多くの博物館で体験型展示やインタラクティブな教育プログラムが充実しているのもアメリカの博物館の特徴である。しかしながら，博物館教育の場で学習者中心主義がとられたのは1960年代後半のことだといわれている[9]。この時期まではアメリカの博物館は学芸員を中心にして運営されており，資料に対する専門的な知識をもたないエデュケーターは博物館での中核的な存在として認められていなかった。また，

博物館教育手法も学芸員が専門的な知識を学習者に提供するレクチャー型のものが主流であった。1960年代後半以降，時代の進展と共に博物館教育の質も変化をしてきたのである。

　アメリカの美術館教育の変遷がこのことをより明確に示している。アメリカの美術館教育は1960年代頃までは学芸員や展示解説員が学習者に作品の解説を行うレクチャー型のものが主流であったが，1970年代に入ると学習者中心の美術館教育活動が模索された。美術館で造形活動が行われ，作品を鑑賞した後に，ダンスを踊らせ，自分が作品を通して感じたことを身体で表現する活動も行われた。学習者に作品をじっくりと鑑賞させ，気がついたことを書きとらせる活動も行われた。こうした教育活動の思想的背景にはデューイの思想にみられるような経験主義や実物を通して事物を体得する実物教授の影響があるといってよいと考える。

　1980年代に入ると，ロナルド・レーガン（Ronald Wilson Reagan 1911-2004）大統領のもとで連邦政府による芸術，文化の分野に対する予算削減が行われたため，美術館が有用性や公共性を問い直すようになった。こうした時代の影響を受け，1992年に全米博物館協会が発表した *Excellence and Equity; Education and the Public Dimension of Museum* は，美術館が教育を中心におき市民へのサービスを担う教育機関であることを強調し，多種多様な来館者への配慮を求めるように訴えた[10]。

　美術館教育活動も科学的メソッドを用いた調査を行い，質の改善を目指した。この時期の美術館教育で注目された考え方が構成主義である。第1章「博物館教育の意義と理念」で学んだように，構成主義は相対主義に立脚する。そのため作品を用いた教育活動も，学習者が教育担当者（学芸員，エデュケーター，展示解説員など）から作品に対する正しいとされる「知識」や「美術史的見解」を学ぶのではなく，学習者が作品に関心をもち，発見し，学べるようにサポートすることを目的とする。つまり，構成主義理論に依拠した博物館教育の場合，美術史的な理解の有無は問題とされない。そのため，構成主義による教育手法は1970年代頃までの伝統的なレクチャーを中心とした美術館の教育手法と対極的な特徴を有する。

　構成主義に依拠した美術館の教育手法の代表的なものがマサチューセッツ

芸術大学教授のアベゲイル・ハウゼンとニューヨーク近代美術館のフィリップ・ヤノワインによって開発されたVTS（Visual Thinking Strategy）という手法である（この手法の詳しい内容と実例については第13章「多文化共生社会と博物館」及び第14章「ICTと博物館教育活動」で学ぶ）。ヤノワインは構成主義的な立場から，どのようにすれば学習者は芸術資料を鑑賞するかを考え，学習者の主観的な観察力を中心にした理論を構築した。この芸術作品の鑑賞手法は我が国にも影響を与え，我が国の美術館のなかにもこうした技法をとりいれている館もある。

　次に，アメリカ合衆国の博物館活動（博物館教育も含む）の財源の問題について述べる。アメリカ合衆国の博物館の財源は連邦政府等の公的資金に全面的に依存するのではなく，財団や団体，企業や個人など多様なところからも資金を調達している。この背景には公的機関が文化活動に介入することに対するアメリカ合衆国市民の警戒感がある。つまり，アメリカ合衆国には公的機関が文化助成を行うことにより，文化の独立性を失わせ，文化の政治化，官僚化を促すのではないかという懸念が根強い。

　もちろんアメリカにも博物館活動に対する公的助成はある。その代表的なものが全米芸術基金（National Endowment for the Arts：NEA）による助成活動である。NEAは芸術関連事業への助成を行う目的で，連邦政府の独立機関として1965年に設立された。NEAは1970年代に学芸員養成，博物館における教育普及部の設置助成，教育的性格をもつ展覧会の実施など博物館の教育活動の推進に大きく貢献した[11]。

　しかしながら，NEAの助成のあり方をめぐって，1989年には激しい論争が起きた。それがロバート・メイプルソープ（Robert Mapplethorpe, 1946-1989）の「ザ・パーフェクト・モメント」展の事件である。1989年，ワシントンのコーコラン美術館はロバート・メイプルソープの写真展を計画したが，そのなかには性的な写真などスキャンダラスな作品が含まれていた。この展示は部分的なものではあったがNEAの予算が使われる予定であったため，こうした作品の展示に公的資金が使われることに関して激しい非難がおこった。結果として，ロバート・メイプルソープの展示会は中止になったが，この事件は文化活動に対する公的助成のあり方について再考を促すことになっ

た。こうしたことも影響して，1990年代にNEAの予算は大幅に削減されることになった。その後，NEAの予算は増額されたが，文化活動の財源を公的支援に過度に依拠するあり方を警戒する傾向がアメリカには根強い。

　アメリカ人が望む政府等の博物館に対する助成のあり方は間接助成という方法である。つまり，寄付を行うことによって税制の優遇措置が受けられるという方法である。これを認める法律が「内国歳入法」501条C項（3）である。この法律は公共性を掲げる宗教，教育，文化活動などを行う諸団体は課税を大幅に免除されるほか，この条項に該当する団体に対する寄付は寄付者の所得控除の対象になることを認めている。現在，アメリカの博物館の多くが「内国歳入法」501条C項（3）に該当しているため，博物館には多くの寄付が集まり，それが博物館の活動の財源として活用されている。

　それと並んで，アメリカにはフィランソロフィーの精神が根づいており，それが博物館の発展に大きく貢献している。例えば，「内国歳入法」501条C項（3）に該当する博物館には理事会があるが，理事たちは無報酬でこの仕事を行っている。博物館に大口の寄付を行う人物が理事に選ばれることも多く，こうした理事たちの活動が博物館運営に大きな影響を及ぼしているのである。また，一般の人々も小口の寄付や様々なボランティア活動を通して博物館活動に貢献している。

学習課題　(1) 近代の博物館教育の特徴は何でしょうか。
　　　　　　(2) 知識社会における博物館教育の特徴は何でしょうか。
　　　　　　(3) 英国とアメリカ合衆国の博物館教育の歴史的展開の相違点について考えましょう。

参考文献　・M. ブラン＝モンマイユール他『フランスの博物館と図書館』松本栄寿，小浜清子訳，玉川大学出版部，2003年。
　　　　　　・高橋雄造『博物館の歴史』法政大学出版局，2008年。

註　1）Thomas Kelly, *A History of Adult Education in Great Britain: From the Middle Ages to* *the Twentieth Century*, Liverpool University Press: Liverpool, 1992, p.176.

2）Edward P. Alexander, *Museum Masters: Their Museums and Their Influences*, Altamira Press, Walnut Creek, London and New Delhi, 1995, p.163.

3）Cit in, Alexander, *op.cit.,* p.168.

4）Eilean Hooper-Greenhill. *Museum and Gallery Education*, Leicester, Leicester University Press, 1991, 25.

5）Marjorie Schwarzer, *Riches, Rivals & Radicals 100 Years of Museums in America*, Washington:American Association of Museums, 2012, p.10.

6）Marjorie Schwarzer, *Riches, Rivals & Radicals 100 Years of Museums in America*, Washington:American Association of Museums, 2012, p.11-12.

7）Marjorie Schwarzer, *Riches, Rivals & Radicals 100 Years of Museums in America*, Washington:American Association of Museums, 2012,p.204.

8）Marjorie Schwarzer, *Riches, Rivals & Radicals 100 Years of Museums in America*, Washington:American Association of Museums, 2012,p.26.

9）Hilde S. Hein, *The Museum in Transition A Philosophical Perspective*, Smithsonian Books: Washington, 2000,116-119.

10）烏賀陽梨沙「アメリカの美術館教育の発展に関する要因についての一考察：1990年代以降を中心に」『美術教育学』第35号（2014年3月），125頁。

11）フレデリック・マルテル著，根本長兵衛，林はる芽監訳『超大国アメリカの文化力』岩波書店，2009年，173頁。

第 4 章 | 日本の博物館教育の歴史

　日本の博物館は，ウィーン万国博覧会に参加するために集められた出品物を，文部省博物館の名で湯島聖堂の大成殿を使って公開した博覧会に始まる。以後，博物館は時代や社会情勢，そして戦争や災害などの影響を受けながら発展してきた。この章では，日本の博物館の歴史のなかで，博物館教育がどのような道をたどってきたのかを概観する。内容は，博物館がもつ社会教育機関としての機能と教育活動が培われてきた歴史になる。

キーワード | 博物館教育　実物教授　教育博物館　通俗教育　社会教育
　　　　　　　 | 生涯学習

第1節　明治期の博物館

（1）博物館の始まり

　我が国における博物館という施設の移入は，幕末期の海外派遣使節団員による海外博物館の紹介により始まるが，組織的な発展を考えると，その源流は1856（安政 3 ）年に設置された蕃書 調 所といってよいだろう。蕃書調所は幕府天文方からの流れを汲み，翻訳，洋学研究のために設置された。1861（文久元）年にはそこに物産学が設けられている。蕃書調所は1862（文久2）年に洋書調所，翌年には開成所と改称された。この物産学が近代日本の博物館設立につながるとともに，そこで勤務した伊藤圭介や田中芳男などの博物学者たちが博覧会の開催や博物館の創設に重要な役目を果たした。

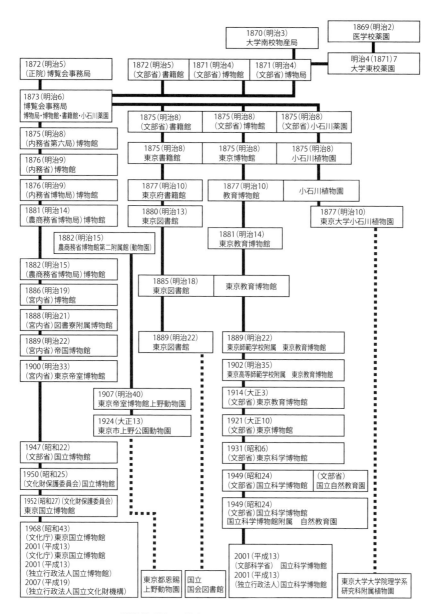

博物館系統図（椎名，2014を参考にして作成）

1868（慶応4）年，開成所は幕府の崩壊とともに鎮台府が接収し，明治新政府に引き継がれた。パリ万国博覧会への出張でフランスの博物館を知った田中芳男は開成所から大坂舎密局（開成所の理化学校を移したもので，理化学教育の発展を担う機関であった）に移った。そこで「舎密局園囿計画」という博物館構想を計画したが，実現はできなかった（飯田市立博物館，1999）。

　1869（明治2）年に開成所は大学南校と改称され，翌1870（明治3）年には物産局が設けられている。そして1871（明治4）年に博物館建設を目的として九段薬園を吸収し，大学南校博物館名で博覧会を開催する計画をたてた。これは大学南校物産会という名称になったが，「博覧会ノ主意ハ宇内ノ産物ヲ一場ニ蒐集シテ……人ヲシテ其知見ヲ拡充セシメ，寡聞因陋ノ弊ヲ除カントスルニアリ……座シテ全地球上ノ万物ヲ縦覧セシメンコトヲ期ス」として，広く一般に公開した（東京国立博物館，1973）。一方，当時神仏分離令を契機に起こった廃仏毀釈を受け，1871年大学は集古館建設および古器旧物保護の大学献言を行い，同年太政官から古器旧物類保全の布告がなされた。

　1871年に文部省が設置されると，そこには博物局が設けられた。町田久成，田中芳男の「博物局博物館博物園書籍館建設之案」によると博物局が学芸や行政を担当し，博物館・博物園（動植物園）・書籍館（しょじゃくかん）を建設するという計画をたてた（東京国立博物館，1973）。この構想により，大学南校の資料を引き継いで小石川薬園を所管するとともに，書籍館を設立し，旧湯島聖堂大成殿を会場として同年博物館開館を計画する。しかしこれは延期になり，翌年3月10日から4月末まで文部省博物館名で博覧会を開催し，多くの入場者を集めた。会期終了後は1と6のつく日に開館し，これが我が国最初の近代的博物館となった。

（2）明治期の博物館と実物教授

　実物教授とは，「モノ」としての「実物」を通して知識を教えることも含まれるが，実物や現象を観察したり，触れたり，操作・実験させることによって感覚や感性をとぎすませ，体験と理解を促すもので，子どもの本質を発展させることにつながる基礎的教授法である。ルター，ベーコン，コメニウス，ロック，ルソー，そしてペスタロッチーなどの思想家たちは実物教授の

意義を唱えたことで知られる。特にペスタロッチーの「直観教授」の思想に基づいた実物教授法は彼に学んだ人々，あるいは影響を受けた人々により，ヨーロッパ，アメリカやカナダをはじめ，日本，南米諸国にまで普及していった。

　文部省は1872（明治5）年5月に東京師範学校を設けた。創設にあたっては，御雇外国人のアメリカ人スコット（Scott, M. M.）を招き，アメリカから持ち込まれた教材教具を参考に，生徒に新しい教授法を伝習させた。ここでは新しい教育の実施に伴う授業法を身につけた教師の養成を行い，同時に編集局を設けて教科書の編集を行っている。スコットによって取り入れられたペスタロッチー主義の教授法は，実物教授の方法として，「口授法」や「庶物指数」として普及した。この方法は教師が事物や現象を子どもに示し，質問と応答を繰り返すことで，名称・形態・性質・用法・効用などを教授していく。教材には絵入りの教科書，掛図，絵図などを用いた。そして1875（明治8）年に伊沢修二，高嶺秀夫，神津専三郎がアメリカの師範学校に派遣されて学んだことも実物教授の展開に大きく貢献している。彼らの伝えた教育方法は，「開発教授法」として発展し，当時の教育界に新しい運動を展開した。

　一方，以前から実物教授を実現する学校教育のための博物館の必要性を訴えていた田中不二麿は，1876（明治9）年にフィラデルフィア万国博覧会，およびアメリカ各州の教育行政を視察し，カナダのトロント市の教育博物館も見学している。教育博物館の設立にあたって，田中はトロント市の教育博物館をモデルにしたとされる（田中，1907）。1877（明治10）年，東京博物館は教育博物館と改称され，上野に移転した。教育博物館規則の前文には「教育上必需ナル内外諸般ノ物品ヲ蒐集シ教育ニ従事スル者ノ捜討ニ便シ兼ネテ公衆ノ来館ニ供シ以テ世益ヲ謀ラン」という博物館の目的が記されている（伊藤，1978）。この文に示されているように，教育博物館は教育に関する諸資料を収集し，教育に従事する人々がさがし求めるものや一般の人々の利用にも供するとして，それが社会の利益につながることを目指しているとした。教育に従事する者とは，教師や教育行政に関わる者である。

　教育博物館は動植物・鉱物の標本，教育用の教材や器具を展示することで，実物教育を目指す施設であった。この館の中心的人物は田中の視察に随行し

た手島精一で，展示のほかに標本類の払い下げや教材・器具の紹介・斡旋事業など，当時の学校教育に貢献している（手島工業教育資金団，1929）。その後教育博物館は1881（明治14）年に東京教育博物館と改称され，1889（明治22）年に東京高等師範学校附属施設として旧湯島聖堂構内に規模を縮小して移転されるまで，手島精一の指導のもと年間20万人の入館者があった（東京国立博物館，1973）。地方においては，地方博覧会の開催などを契機として，博物場，博覧場，博物館などと呼ばれた施設が設立されている。また，文部省直轄の教育博物館の役割から各地に教育博物館を設置するようになる。「文部省年報」の記載からすると，大阪府所管教育博物館，福岡県所管教育博物館，島根県所管教育博物館，鹿児島県所管教育博物館などが設置されたというが，活動自体はいずれも短命で，他の博物館に吸収されたり，勧業博物館に変わったりして長続きはしなかった。

　1879（明治12）年の「教育令」制定後，文部省では局制，職制，等級制などが整備され，1885（明治18）年に太政官制が廃されて内閣制度ができて中央官僚機構が確立された。しかし，文部省直轄で一般成人を対象に当時としては優れた活動を行っていた東京教育博物館は文部省総務局所属となり，政策的基盤を失っていったのである（伊藤，1978）。1888（明治21）年，文部省は東京教育博物館に「其館列品中博物標本ハ，普通教育ニ属スルモノノ外ハ追テ省除スヘキ目的ヲ以テ漸次淘汰スヘク……可成精選調査ヲ遂ケ専ハラ普通教育上ノ裨益ヲ謀ルヘシ」という規模・活動の縮小を意味する訓令が出された。翌1889（明治22）年には東京高等師範学校附属になり，湯島聖堂の大成殿に移設された（東京博物館，1925）。それに伴い，東京教育博物館は，幼児教育用具，教授用器械標本，学校建築の模型や図案・教場用具，生徒の成績物を残して，他の資料はすべて帝室博物館に移管されてしまう。1898（明治31）年には，有料であった入館料を無料にするとともに，教育図書閲覧所を設けて性格を一新したが，組織や施設面の不備は否めなかったため，有識者から館の運営面での増強を期する声が高まっていた。1903（明治36）年には『教育界』の臨時増刊号として『東京教育博物館』の特集が組まれた。そこには，「本館が単に教育者の教授用品の研究所たるに止まらず，社会教育機関として存立するに至らんことを望むのである」というように，社会教育

施設として発展することを望む関係者の意見が述べられている。

　その後1906（明治39）年に高等師範学校附属東京教育博物館の主事となった棚橋源太郎は，教育博物館の活動内容について，展示のほかに，図書の閲覧，講演会，来館者への展示品解説，学校からの教育品購入相談への対応，教具の研究，研究成果報告のための雑誌発行，地方の教育展覧会への資料貸し出しなども提案している（椎名，1988）。しかしながら，学校の教育内容，教材教具が充実し，整備が進むと教育博物館の果たしてきた役割も影が薄くなり，1921（大正10）年に東京博物館と改称されて，教育博物館は事実上消滅してしまう。1923（大正12）年の関東大震災によって，東京博物館は収蔵資料を失ってしまったため，東京帝室博物館から動植物・鉱物などの標本を中心とする天産部資料の譲渡を受けたことから，自然史系の博物館の性格を帯びた。逆に，東京帝室博物館は美術・歴史に関する文化財を所蔵する博物館としての性格を固めたのである。

(3) 社会教育の始まりと博物館

　1872（明治5）年に公布された日本の近代教育制度に関する最初の法令である「学制」には，社会教育に関する規定はなかったが，社会教育施設としての博物館や図書館は1871（明治4）年文部省が設立されるとともに構想が進められていた。文部省の設立直後には博物局が置かれ，湯島大成殿を博物局観覧場とし，同年2月には，博覧会を博物館として公開し，続いて同年4月には書籍館を開設した。当時の文部省は学校制度の確立を第一に考えていたため，社会教育の施策はそれほど重視していなかった。博物局を置いて，博物館を設立したのも，社会教育というより，殖産興業を目的とした施設という側面が強かった。

　欧米文化を早急に摂取し，社会にこれを植え付けようとした風潮の反動は，やがて伝統的な思想を尊重する復古思想としてあらわれ，教育制度も1879（明治12）年の「教育令」として改革が計られた。「教育令」では，社会教育施設について法制上の根拠が示された。その第1条には，「全国ノ教育事務ハ文部卿之ヲ統摂ス故ニ学校幼稚園書籍館等ハ公立私立ノ別ナク皆文部卿ノ監督内ニアルヘシ」と規定され，文部省が管轄することを明示した。ここで

は「学校」「幼稚園（幼稚園）」「書籍館（図書館）」等として，博物館の名称は掲げられていないが，「等」に博物館は含まれていた。1878（明治11）年の田中不二麿原案の「文部省上申日本教育令」の7章には「文部卿ハ必要ナル学校書籍館博物館ヲ設置シ之ヲ管轄スル権アルヘシ」として，博物館の文字があったが，伊藤博文案の太政官上申では，書籍館と博物館に関する規定はなく，元老院の審議で書籍館が加えられて，「教育令」の文言になった（教育史編纂会，1938）。しかし，就学督促の緩和や経済情勢から，逆に教育の不振を招くなどの結果を生むことになってしまった。そこで政府は1880（明治13）年に監督と統制を強化した「改正教育令」を公布し，監督と統制を強化した。これにともない「府県立学校幼稚園書籍館等設置廃止規則」が出され，「第七条　府県立教育博物館ヲ設置若クハ廃止セントスル等ノ手続ハ（略）書籍館ノ例ニ準スヘシ」として，地方の教育博物館の規定がなされた（教育史編纂会，1938）。

　明治前期までの社会教育施設は，政府の学校教育制度の整備の陰に隠れながらも，それまでにない新しい息吹を感じさせるものがあった。そして，明治政府が社会教育施設の行政を公私立の学校と同じ教育体制の下に集約したことは以後の発展につながるものとして注目に値するものであった。

　このように欧米諸国に範をとり，社会教育機関として書籍館，博物館が整備されてきたが，ほかに講話会，幻燈会，映写会などの形をもって社会教育が進展していった。当時この種の社会教育は通俗教育と呼ばれていた。明治期は欧米列強に比する国家体制を築くために，義務教育の徹底がなされた。さらに不就学者をなくすためには保護者の教育に対する意識改革が必要だったことや，国民の護国の精神を養うための成人教育の必要性が重要課題であった。

　一方で，明治初期にペスタロッチーの直観教育（実物教授）の思想に基づき，郷土教材を用いた地理教育，理科教育が始まる。ルソーやペスタロッチー，ヘルバルトたちは「環境」という観点でこれをとらえていた。郷土教育には，身近なものを教材として扱う教授原理としての考えと独立の教科として郷土を理解し，郷土愛をもった実践的な人間育成を目指し，郷土に尽くす人を育てようとする教科としての二つの考えがあった。この方向性から，学

校教育では郷土史，郷土地理，郷土理科などという科目が登場し，昭和初期に至っては地理学の入門編としての郷土教育と，軍国主義の時代を背景に郷土愛を育てて祖国愛に発展させようとしたのであった。

　このような時代の流れを背景に，1885年（明治18）12月の各局宛文部省達によって，学務局第三課は「師範学校小学校幼稚園及通俗教育ニ係ル事」を処理すると規定し，以後「通俗教育ニ関スル事務」は普通学務局の所掌事務として文部省官制中に規定された（文部省，1972）。しかし，この間通俗教育についてはあまり重視されていなかったが，民間では明治中期頃から社会教育の重要性を唱えた人々が現れている。代表的なものには，1892（明治25）年刊行の山名次郎『社会教育論』，1899（明治32）年刊行の佐藤善次郎の『最近社会教育論』がある。

　1911（明治44）年，文部大臣小松原英太郎のもとで，通俗教育調査委員会官制を制定して，通俗教育全般に関する調査を行うとともに振興策を審議することとなった。そのため，文部省に通俗教育調査委員会が置かれ，「通俗教育ニ関スル講演又ハ材料ノ蒐集及製作ヲ為ス」ことを目的とした。同年委員会は，部の編成を3部にして通俗教育の担当を明らかにした。第1部は読物の編集・懸賞募集・通俗図書館・巡回文庫・展覧会事業に関する事項，第2部は幻燈の映画および活動写真のフィルムの選定・調製・説明書の編集等に関する事項，第3部は講演会に関する事項ならびに講演資料の編集およびその他をつかさどることとした。これによって当時通俗教育として教育行政の一部に加えられていたものが，書籍および図書館・文庫・展覧会のような観覧施設に属するもの，幻燈・活動写真のような娯楽施設の指導に関すること，および講演会に関することであって，これらの三つが主要な内容となっていた（文部省，1972）。これを見る限り博物館という施設は明記されていない。あえていえば，展覧会事業に関することや博物館での講演会などが関連する事項であると思われる程度であるが，これらの諸内容は以後通俗教育の重要な柱になった。

第2節　大正期の博物館

　通俗教育調査委員会官制は，1913（大正2）年に廃止された。廃止に合わせて，文部省分課規程が改正され，図書館・博物館・通俗教育・教育会に関する事務は普通学務局第三課において一括して扱うことになった（文部省，1973）。つまり，通俗教育の行政事務が分課していたものを一体化させることにより，社会教育普及の効率性を求めようとしたのであった。

　これにより，1914（大正3）年6月東京高等師範学校に付設されていた東京教育博物館は，文部省普通学務局の所管になった。この館は棚橋源太郎が中心となって運営し，自然科学およびその応用に関する参考品と，学校・家庭・社会教育の参考品を収集してこれを公開した。またそこには付属図書館を設置して普通教育および通俗教育に関する書籍を集めて閲覧に供していた。そのほか資料の館外貸出や特別の展覧会および講演会を開催して，広く一般に教育的な働きを及ぼしている（文部省，1973）。

　臨時教育会議は，1918（大正7）年12月，諮問第八号「通俗教育ニ関スル件」として，「通俗教育ニ関シ改善ヲ施スヘキモノナキカ若シ之アリトセハ其ノ要点及方法如何」に対して，「通俗教育ノ改善ニ関シテハ当局者ニ於テ左記ノ各項ヲ実施セラルルノ必要アリト認ム」として11項目の諸策を答申した（教育史編纂会，1938）。

　これに基づき，1919（大正8）年6月には「文部省分課規程中改正」によって省内普通学務局に「第四課」が設置された。課の管掌事項は「一　通俗教育ニ関スルコト，二　図書館及博物館ニ関スルコト，三　盲唖教育及特殊教育ニ関スルコト，四　教育会ニ関スルコト」であった。1920（大正9）年には各地方庁の学務課内に社会教育担当の主任官たる社会教育主事を特設するように，各地方長官へ通牒が発せられ，1921（大正10）年10月に第1回の社会教育主事協議会が開かれている（文部省，1972）。

　その前年1921年6月に「文部省官制」中の改正があり，「通俗教育」という言葉は「社会教育」に改められた。これは，当時第4課の課長であった乗杉嘉寿の熱心な主張によるものであった（永杉・藤原，1981）。1924（大正

13) 年12月には，「文部省分課規程」の改正により，それまでの第4課は「社会教育課」に改められ，「普通学務課」「社会教育課」「庶務課」の3課になった。なお，社会教育課の事務分掌は，①図書館及博物館，②青少年団体及処女会，③成人教育，④特殊教育，⑤民衆娯楽，⑥通俗図書認定，⑦その他社会教育関係事項の7項目であった（永杉・藤原，1981）。

このような新しい社会教育行政機構の設置に呼応すると同時に，臨時教育会議答申に基づいて，地方にも社会教育担当の主任官を置くこととなり，1925（大正14）年12月に「地方社会教育職員制」が定められた。

1919（大正8）年に文部省は各地の大学や直轄学校に依頼して講演会を開催するようになる。講演会は思想，科学知識，生活改善が主要なテーマであった。1926（大正15）年には成人教育施設費が予算に計上され，全国規模で成人教育講座が広がっていった。

大正期には世界大戦後の世界不況と関東大震災によって，国の財政は貧窮したため，教科団体と協力して勤倹を薦め，公私経済緊縮運動を実践して，経済の立て直しを図っていった。そのほか，社会教育の拡充に貢献するのを目的とする民間施設として，1925（大正14）年10月に財団法人社会教育会が，同年11月に財団法人社会教育協会が設立されている（文部省，1972）。

明治時代の後半期には地域の殖産興業を図るために各地に物産陳列場が多数設立された。大正時代になっても設立のブームは続いたが，1920（大正9）年に公布された「道府県市立商品陳列所規則」により，農商務大臣の監督下に置かれた。この時代には，大倉喜八郎の大倉集古館，京都の藤井善助の有鄰館のような私立博物館や，高野山霊宝館，広隆寺霊宝館，豊国神社宝物館，大山祇神社国宝館，日光東照宮宝物館など各地に個人コレクションや宝物の保存と公開を目的とする施設が誕生している。このほか，教育参考館と通俗博物館も設立されている。教育参考館は教育博物館と似た博物館で，教育や産業に関する資料を展示し，通俗博物館は郷土の自然や人文などを対象にした施設になる。また，朝鮮総督府博物館もこの時代に設立されている。

第3節　昭和期の博物館

（1）戦前の博物館

　先に述べたように，社会教育行政機構の整備がなされたことにより，社会教育に関する施策は充実していき，1929（昭和4）年7月には，文部省に社会教育局が設置された。その事務分掌は，①青少年団体に関する事項，②青年訓練所に関する事項，③実業補習学校に関する事項，④図書館に関する事項，⑤博物館その他観覧施設に関する事項，⑥成人教育に関する事項，⑦社会教化団体に関する事項，⑧図書の認定および推薦に関する事項，⑨その他社会教育に関する事項と定められた。社会教育局はさらに青年教育課・成人教育課・庶務課に分かれ，それぞれの事項を分掌した（文部省，1972）。このように，社会教育に関わる事務は，文部省社会教育課が主管することになった。なお，1928（昭和3）年に博物館協会や男爵平山成信を会長とした博物館事業促進会が発足した。博物館事業促進会の目的は博物館の普及と建設促進にあり，博物館の調査，図書の刊行，講演会や講習会の開催などを挙げている。同年には，各府県知事に対し，大礼記念事業として博物館を設置するように意見した。また，日本に建設すべき国立の博物館の種類と配置案を文部大臣に建議している（椎名，1993）。

　この時期，明治後期に東京教育博物館の運営の中心人物であった棚橋源太郎が『眼に訴へる教育機関』（1930）を著した。棚橋は海外の博物館事情を参考にしながら博物館学の研究を続け，以後『博物館学綱要』（1950），『博物館教育』（1953）などの博物館学関係の書物を出版し，博物館教育の重要性も唱えている。

　昭和になって設立された博物館には，大宰府天満宮宝物殿，鎌倉国宝館などの宝物系博物館，早稲田大学坪内博士記念演劇博物館，国學院大學考古学資料室，明治大学刑事博物館，天理大学附属天理参考館などの大学博物館，常陽明治記念館，大原美術館などの私立博物館，熊本動物園，栗林公園動物園，湊川水族館，中之島水族館などの生態系博物館が多数公開されている。しかし，日中戦争を経て太平洋戦争が勃発すると，博物館は時局や国策に沿

った活動を行わざるを得ず，閉館する博物館も多くみられた。

(2) 戦後の博物館

　第二次世界大戦の終結後，わが国の教育は新しい道を歩みはじめた。その
なかで博物館に関係する社会教育の内容を見ると，最初の一歩は文部省が
1945（昭和20）年9月15日に発表した「新日本建設の教育方針」になる。指
針は平和国家の建設を目指して，国民の教養の向上，科学的思考力の涵養，
平和愛好の信念の養成などを教育の重点目標としたものであった。この中で，
社会教育を取り上げ，成人教育，勤労者教育，家庭教育など，社会教育の全
般についての振興を図るとし，国民文化の興隆の具体案については計画中と
している。指針は連合軍総司令部の意向に配慮した内容であった。総司令部
は同年10月22日に「日本教育制度の管理」に対する指令を出し，引き続き同
年末までに三つの指令を出して，軍国主義的および極端な国家主義的な思想
を廃した教育の実施を求めた。そして，教育改革の方向性を示したものが，
1946（昭和21）年3月に来日した米国教育使節団が翌年に総司令部に提出し
た報告書であった。社会教育では成人教育の重要性と社会教育施設の役割，
成人教育の在り方を記している。

　米国教育使節団の報告書に次いで，新しい教育の方向性を示したものが，
総司令部の指導のもと，1946（昭和21）年5月に文部省が出した『新教育指
針』である。この中で「社会教育としての公民教育を盛んにすること」が推
奨され，「一般社会の人々を公民として教育を行うことが必要である」とし
て，「図書館・博物館・美術館」などの利用を盛んにすることが大事としてい
る。そのほか，「社会における科学教育をひろめること」として，科学博
物館を整備することや芸術文化の振興の条件の一つとして，美術館や私有の
名作が広く公開されることが望ましいと述べている。

　これらが，戦後の社会教育の方向づけに大きな役割を果たし，社会教育行
政や社会教育施設の整備につながっていった。そして，教育改革の基礎とな
る日本国憲法とそれに続く教育基本法の制定が行われ，その精神にもとづき，
社会教育法，図書館法，博物館法など一連の社会教育関係法令が整備されて
いった。博物館法に関係するものをみると，文化財保護法制定の契機となっ

た1949（昭和24）年に起きた法隆寺金堂の焼失がある。これにより，国立博物館は文部省外局の文化財保護委員会（現・文化庁）の所管になった。そのため，1951（昭和26）年に制定された博物館法では，国立博物館を除き，地方公共団体と法人の設置する博物館が対象となったのである。けれども，社会教育法・博物館法の制定で，博物館の機能と活動，および専門的職員としての学芸員の職分が制度的に位置づけられたのは大きな進歩といえる。

　1960年代以降は，経済成長の波とともに，新しい博物館が次々と設立され，1970年代になると県立博物館の建設がブームになった。博物館の増加とともに，学芸員同士の結びつきも深まり，博物館学研究も進展した結果，博物館学関係の書籍や論文が増えていった。1980年代には博物館数が2000館を超え，県立美術館，市町村立博物館，企業博物館，私立博物館の建設が進んでいる。この頃から海外の博物館教育の実態が紹介されるにしたがい，博物館教育の必要性とその意義が博物館界に広く認識されるようになった。それまでも博物館において講演会，見学会，映写会などの教育活動は行われていたが，ギャラリートーク，ギャラリーツアー，講座，ワークショップなどの形式や内容も幅広い活動が展開されるようになった。

　日本の博物館は誕生から長い間，その教育的機能は展示を中心としたものであったが，前述のように1980年代あたりから，欧米の博物館活動の影響を受けて，博物館教育の重要性が唱えられてきた。これは生涯学習の高まりとも呼応している。生涯学習のはじまりは1965（昭和40）年ユネスコ第3回成人教育推進国際委員会において，生涯にわたる教育・学習機会の充実をとらえた生涯教育の概念を提唱したポール・ラングランににある。ラングランは，教育の現代化のためには，学校教育，社会教育，家庭教育を含めて生涯教育のもとに統合し，教育全体の改革と再編成を考える必要があると主張した。この提唱はユネスコで継続して検討され，1972（昭和47）年の教育開発国際委員会の報告書には，これからの教育は生涯学習が教育制度の基本原理となり，教育政策の基本理念とすべきとしている。

　生涯教育の概念は，世界各国の教育制度や政策に影響を与えた。日本でも1966（昭和41）年に中央教育審議会の答申で，学校中心の教育観にとらわれて，社会の諸領域における一生を通じての教育という観点を見失ってはなら

ないと述べている。1971（昭和46）年の中央教育審議会では，「生涯教育の観点から全教育体系を総合的に整備」すべきことを答申した。そして，中央教育審議会では，1981（昭和56）年に「生涯教育について」を答申し，生涯教育の観点から家庭教育，学校教育及び社会教育の各分野を総合的にとらえ，生涯教育の推進を教育諸機能全般にわたって提言している。同時に同答申で，生涯学習という用語が出され，「生涯学習は自発的意志に基づいて行うことを基本とし，必要に応じ，自己に適した手段・方法は，これを自ら選んで，生涯を通じて行うものである」と定義した。さらに1982（昭和57）年の臨時教育審議会の最終答申では，生涯学習体系への移行の考え方と体制を整備するための方策が提唱された。以降学習者としての立場に沿った生涯学習という言葉が用いられるようになり，1990（平成2）年には「生涯学習の振興のための施策の推進体制等の整備に関する法律」（生涯学習振興法）が制定された。

　したがって，社会教育と生涯学習の関係は，社会教育が「学校の教育課程として行われる教育活動をのぞき，主として青少年及び成人に対して行われる組織的な教育活動（体育及びレクリエーションの活動を含む）」（社会教育法第2条）を指すのに対し，生涯学習は学習者の視点から捉えた活動であり，社会教育，学校教育，家庭教育における学習，組織的ではない個人的な学習も含むことから，社会教育を超えたより広い活動を対象とした概念になる。

　そして生涯学習という考え方や生涯学習の場に関連して，博物館におけるボランティア活動が1970年代に注目されるようになる。1980年代以降は社会教育行政施策の一環として，博物館をはじめ社会教育施設でのボランティア活動の推進が行われるようになった。ボランティア活動をする人にとって，活動の動機は自己の成長，目的の実現，社会参加，愛好など様々であるが，その根底は生涯学習に結びついている。博物館で自主的にボランティア活動を行うには，その博物館や活動に対して必要な知識・技術を学ぶ必要があり，学びの成果をいかし，深めること自体がボランティアの生涯学習につながっているからである。

　生涯学習社会への移行にともない，博物館は人々の生涯学習の場や拠点としての役割が期待されるようになる。その理由は，専門職としての学芸員をはじめ他のスタッフの存在，教育活動用の諸室やライブラリーなど施設面で

の有効性，そして何より博物館がもつ教育機能がある。教育は展示物や解説物のほかに、講演会・講座・見学会・ワークショップ・体験学習・研修会・研究会・シンポジウムなど，多様な形態の教育プログラムを実施することが可能である。また，子どもから高齢者まで，誰もが自発的に学び，交流し，楽しむことができる場として博物館を活用できるのである。合わせて，学校教育の補完や連携，家庭教育の場としての利用もできる。このようなことから，博物館は生涯学習機関としての役割を担う期待に結びついているのである。したがって，博物館としての教育活動は今後ますます重要視されるであろう。

学習課題　(1) 博物館の誕生と政府の政策の関係について説明しましょう。
　　　　　　(2) 明治期の博物館と実物教授の関係を説明しましょう。
　　　　　　(3) 生涯学習社会と博物館の関係を説明しましょう。

参考文献　・青木豊，矢島國雄編著『博物館学人物史』（上）雄山閣，2010年
　　　　　　・青木豊，矢島國雄編著『博物館学人物史』（下）雄山閣，2012年
　　　　　　・飯田市立博物館『日本の博物館の父　田中芳男』飯田市立博物館，1999年
　　　　　　・伊藤寿朗「日本博物館発達史」『博物館概論』学苑社，1978年
　　　　　　・教育史編纂会『明治以降教育制度発達史』竜吟社，1938年
　　　　　　・椎名仙卓『日本博物館発達史』雄山閣，1988年
　　　　　　・椎名仙卓『図解博物館史』雄山閣，1993年
　　　　　　・椎名仙卓・青柳邦忠『博物館学年表——法令を中心に』雄山閣，2014年
　　　　　　・田中不二麿「教育瑣談」『開国五十年史』上巻，開国五十年史発行所，1907年
　　　　　　・手島工業教育資金団『手島精一先生伝』手島工業教育資金団，1929年
　　　　　　・東京国立博物館『東京国立博物館百年史』資料編　第一法規，1973年
　　　　　　・東京博物館『東京教育博物館一覧』東京博物館，1925年
　　　　　　・永杉喜輔・藤原英夫『改訂社会教育概説』協同出版，1981年

・文部省『学制百年史』帝国地方行政学会，1972年
・文部省『学制百二十年史』ぎょうせい，1992年

第 5 章 | 博物館教育の環境整備

　本章では博物館教育活動を行うための環境整備について学ぶ。予算，人材（ミュージアム・エデュケーター），運営，セキュリティー対策，リソースなどの面から博物館教育を展開するための環境について考える。

キーワード | 予算　ミュージアム・エデュケーター　エデュケーション・センター　セキュリティー対策　博物館利用の手引き

第1節　予　算

　博物館教育活動を実践するにあたり必要な予算は講師等への謝金，保険料，機器備品代，教材印刷代，文房具代，広報費，賃貸料（博物館以外の場所で活動を行う場合）など多岐にわたる。こうした予算措置をともなう活動を行う場合，予算の確保が前提になることはいうまでもない。

　それでは博物館の予算はどのように確保されるのであろうか。一般的には，教育活動も含む博物館の事業用予算は事業計画に基づいて計上される。通常，博物館は前年度のうちに次年度の事業計画を練り，予算を計上するが，この時に教育普及活動費も計上される。教育普及活動用予算が単独で計上されるケースもあれば，企画展の付帯事業のなかに組み込まれることもある（企画展のテーマに基づいて講演会やワークショップ事業を行う場合など）。いずれにしても，予算を計上するうえで求められるのは計画性であり，年度末には事業報告を行う。基本的に既存の教育プログラムに比べて新規の教育プログラ

ムは前例がないため厳しく吟味され，予算の獲得は容易ではないことが多い。しかしながら，博物館の教育普及活動は入館者増加につながるし，活動実績としても目立つので他の博物館事業に比べて予算がつきやすい分野ともいえる。

　博物館予算以外の博物館教育用の資金調達の方法としては，申請書を書いて助成金を獲得する方法や企業・個人からの寄付，受益者負担（博物館教育活動の利用者に活動経費の全額もしくは一部を負担してもらう）などの方法がある。

　博物館等に対する助成を行う団体としては，文部科学省関連や国際交流基金，民間財団等などがある。博物館の教育普及担当者はこうした助成に関する情報を集め，自分の取り組む事業がこれらの助成の対象事業と関連していることがわかったら，積極的に助成を申請した方がよい。

　民間企業等に当該事業のスポンサーになってもらい協賛金を獲得する方法もある。最近は企業のフィランソロピー（篤志）活動が重視されていることに加え，博物館への事業支援は目立つので，協賛金に前向きな企業は少なくない。ただし，業績悪化等により，企業の助成は突然に打ち切られることがあるため注意が必要である。個人から寄付を集める方法もある。我が国の博物館でも個人を対象にした寄付の募集は賛助会，後援会等の名前で行われており，寄付者には様々な特典が与えられる。例えば，高額の寄付者には，特別展のレセプションや館長や学芸員との食事会の招待の特権がある。また，教育普及活動に使途を限定して寄付金を集めている事例もある。

　受益者負担も教育普及活動を推進するための合理的な方法である。博物館教育活動のなかには廉価でできるものもあれば，経費がかかるものもある。経費がかかる教育活動の場合，他の来館者との公平性を考慮するうえで受益者負担の方が好ましい場合がある。我が国の場合，博物館は非営利というイメージが強いせいか，博学連携活動も無償で提供されているケースが多い。しかしながら，教育普及活動のコスト意識を受益者にもたせる意味においても，博物館教育活動は有償にした方が良い場合もある。実際に，アメリカ合衆国などでは博物館教育プログラムの提供は有償の場合が少なくなく，博学連携の活動や学校教員に博物館の利用方法を教える「教員のための博物館学

習講座」などの受講も有料であることが多い。博物館教育活動が無料で提供される場合でも，その経費は外部資金等に依っているケースもある。

第2節　ミュージアム・エデュケーター

　この節では博物館教育活動を担当する人材について学ぶ。我が国の博物館では教育普及活動は学芸員が担う場合が多いが，最近は博物館教育事業を担当する専門職員を雇用している館もある。こうした専門職員は教育学芸員あるいはミュージアム・エデュケーターと呼称される。ミュージアム・エデュケーターは博物館の教育関連事業（ギャラリートークやワークショップなどのイベント）の企画と運営，ワークシート等の博物館教育教材制作，博学連携事業（児童・生徒の博物館の受け入れ，出張授業，学校教員支援など），地域連携型の事業，博物館ボランティや友の会の支援など幅広い。欧米の博物館では，規模にもよるが，ファミリー向け，学校向け，コミュニティ向けと，博物館教育のセクションごとに担当のエデュケーターが配置されているのに比べて，我が国の博物館の場合，一人のミュージアム・エデュケーターが博物館教育部門全ての業務を担当しているケースが多い。また，我が国ではミュージアム・エデュケーターを配置している館自体が多いとはいえない。

　ミュージアム・エデュケーターの履歴は様々であるが，大学院で美術史や美術教育を学んだ人や海外の博物館でのインターン経験者など，高学歴で専門的な経験を経ている人や学校教員経験者が多い。ミュージアム・エデュケーターは学校教員や学芸員のように国の認定した資格制度がないため，知識，技量，指導方法はミュージアム・エデュケーターごとに差がある。外国の博物館でのインターン経験を見込まれて博物館に採用された若手のミュージアム・エデュケーターもいれば，中高年の中学校の社会科の元教員が公立の博物館に配属されている場合もある。また，博物館の種別や所蔵資料の内容によってミュージアム・エデュケーターに求められる知識や技量も異なってくる。しかしながら，館種，所蔵資料の内容を問わずミュージアム・エデュケーターに求められる共通の役割というものはある。まとめるならば，それは

以下のようになろう。

（1）資料と利用者をつなぐコーディネーター

　この役割は学芸員と共通している。しかし，学芸員には展示や調査研究活動等を行い，その成果を公表する研究者としての役割もあるため，利用者にとって難解あるいは専門的な展示や図録等の制作を行うことがある。これに対して，ミュージアム・エデュケーターは，より利用者の立場を意識した諸活動を行う。例えば，近現代の西洋絵画の図録を利用しながら，子ども向けの解説シートやワークシートの原稿を書くことなどがこの役割にあたる。

（2）学芸員と利用者をつなぐコーディネーター

　ミュージアム・エデュケーターは学芸員の展示や研究成果を利用者のニーズや学習目的にあわせてわかりやすく伝える役割に加え，学芸員と利用者の間をとりもつ役割を果たす。資料管理の立場から学芸員は素人が貴重資料を利用することに慎重であるし，博物館ボランティア等の企画に抵抗を示す場合がある。このような場合に両者の間にたち，調整を行うのがミュージアム・エデュケーターの役割といえる。

（3）学校と博物館をつなぐコーディネーター

　ミュージアム・エデュケーターは教員側からの依頼を受け，児童，生徒の受け入れを行う。場合によっては館蔵資料を持参して，学校に出張授業を行う。今日の博物館では学芸員やミュージアム・エデュケーターが講師になって「教員のための博物館利用講座」を行う場合があるが，このような講座の企画や運営も担当する。

（4）コミュニティグループと利用者をつなぐコーディネーター

　様々なコミュニティ活動と連携するのもミュージアム・エデュケーターの業務である。地域連携活動のほか，ボランティアや友の会などと関わる。こうした活動を通して，人と人を結ぶ役割を担うのもミュージアム・エデュケーターである。

（5）外部の研究者やアーティストと利用者をつなぐコーディネーター

　博物館は外部の研究者やアーティスト等を招いて講演会やワークショップを行っている。特に美術館ではアーティストを招いての活動が盛んだ。ミュージアム・エデュケーターはこうした対応も行う。

（6）教師としての役割

　教師としての役割もミュージアム・エデュケーターは担っている。ミュージアム・エデュケーターは児童，生徒，学校教員，一般の来館者など様々な利用者に対する優れた教師にならなければならない。

　前述したが，欧米諸国の大きな博物館には館のなかに博物館教育普及部が設置されており，5名〜10名の教育普及員が配置されている。組織的には部長のもと「子どもおよび家族向けプログラム」「学校向けプログラム」「コミュニティ向けプログラム」の担当エデュケーターのほか，博物館教育プログラムのリソース開発や評価活動担当者やメディア担当者などが博物館業務を分担している。さらに，こうした博物館専門職員の指導のもとに多くのインターンやボランティアがおり，博物館教育業務を支えている。博物館の規模や文化的背景を考慮すると，欧米諸国と我が国の博物館と安易に比較することはできないが，我が国では，何故，多くの博物館で欧米諸国のようにミュージアム・エデュケーターの配置がすすんでいないのであろうか。その理由を幾つか挙げてみる。

①スタッフの不足

　職員数の不足は教育普及事業実践の上での課題になっている。現状では，多くの博物館では専任職員を新たに配置する余裕がなく，職員数が削減されている館も少なくない。このような博物館では，限られたスタッフで通常業務をまわしていくことが精一杯であり，教育普及担当者の配置を行なえる余裕がない。

②財源

多くの博物館で教育普及活動を十分に展開できない根本的な要因は財源不足にある。前項のスタッフの不足も根本的には博物館の財源不足から生じているといってよい。教育普及費が実質ゼロベースの博物館もある。我が国は今後，少子高齢化社会の進展やコロナ・パンデミックによる社会の変化が予想されるため，博物館の財源確保の問題はますます深刻になるであろう。

③人々の博物館への関心の低さ

我が国の多くの人々は本当に博物館に必要性を感じているのだろうか。スポーツ活動などに対する高い関心に対して，博物館等の文化施設に対する認知度が低い。

④教育制度の違い

教育制度も博物館教育（特に博学連携）が進展しない理由の一つになっている。一定のガイドラインはあるものの，教員の裁量でかなり自由な教育活動を実践できる欧米諸国に比べて，我が国の教育内容は学習指導要領で教育内容が明確化されており，教員が自由に博物館を活用した授業計画が組めない状況にある。加えて，学校の行事や課外活動，ＰＴＡ（父母と教師の会）の対応もあり，教員は多忙である。交通手段の確保や事故が起こった時の責任の所在のあり方など，博学連携活動を展開するうえでの課題も多い。入試制度も問題である。変化の兆しがみられるとはいえ，いまだに我が国では暗記中心型の入試制度が行われている。学歴も子どものキャリア設計に大きな影響を与えている。こうした入試制度は博物館教育の普及に対して好ましい影響を与えていない。

⑤ミュージアム・エデュケーター養成の在り方

我が国における現在の学芸員養成課程はあくまでも学芸員の養成を目的としたものであり，ミュージアム・エデュケーターの育成を対象とした専門職の養成制度はない。ミュージアム・エデュケーターにも博物館に関する基礎的理解は求められるが，資料を取り扱う学芸員とは異なる専門的知識や技量

が求められる。博物館の教育制度を充実させるにはミュージアム・エデュケーター養成の在り方が問われる。

第3節　博物館教育と施設・設備整備

　博物館教育活動を行ううえで欠かせないのが活動を行うための様々な施設・設備である。例えば，博物館主催で講演会，講座，ワークショップなどを行う場合は教育活動のための講義室やスタジオはもちろんのこと，こうした事業で使う道具等を保存する収蔵庫や空調設備，水道設備，マイクロホンやパワーポイント等の備品が必要となる。展示室を利用した活動（ギャラリートークやワークシートを使った学習など）を行う場合でも，教材を準備し，時間調整を行って，一般客に迷惑をかけないように配慮する必要がある。特に中小規模の博物館で多くの児童や生徒を受け入れる場合は館内で大きな混乱が起きないように事前のスケジュール調整を念入りに行い誘導しなければならない。また児童，生徒が使用するロッカーやトイレ，休憩スペースのことも考えなければならない。

　欧米諸国の博物館では，館のなかに教育活動を行うための施設として，エデュケーション・センターを設けているところが多い。博物館のエデュケーション・センターには講堂，多目的ルーム，図書室，スタジオ，マルチメディア・センター，準備室，展示コーナー，ロッカーやトイレなどがある。我が国の多くの博物館は欧米の博物館のようにエデュケーション・センターをもっているわけではないが，博物館教育に必要な機能が充実している館はある。それでは，博物館教育を行うためには，具体的にはどのような施設・設備が必要なのか具体的に見ていきたい。

①講堂

　大きな博物館では講演会やシンポジウムが開催されることがあるため，講堂をもっている館が少なくない。講堂の収容人員は100名以上であり，プロジェクターを備え，調光も可能である。

②多目的ルーム

　様々な活動を行うための教室。主として教育活動を行うが，学習者（児童，生徒など）の食事場所，荷物の保管場所として使われることもある。教室を多目的で使うためには，椅子や机は可動式なものが望ましい。利用者に親しみやすさを感じさせるために，壁面や家具がカラフルな造りになっている場合もある。乳幼児や高齢者，障害者の利用も考えられることから，清潔かつ安全面に十分に配慮しなければならない。

多摩六都科学館　休憩室
（写真提供：多摩六都科学館）

③準備室

　ここには教育活動で使用する機材や書籍，文房具，絵具などが収納されている。ミュージアム・エデュケ

東京都美術館　アートスタディルーム
（写真提供：東京都美術館）

ーターが配置されている館では，スタッフの個人用の机や作業台が置かれ，スタッフ・ミーティグの場ともなっている。博物館教育活動のバックヤードともいうべき場所である。

④スタジオ（アート・スタジオ）

　博物館（特に美術館）ではワークショップ等が開かれることが多いが，こうした活動のための施設である。活動の利便性を考え，水道設備もある。

⑤スタジオ（デジタル・スタジオ）

　欧米諸国の博物館では学習者が博物館の資料の撮影，記録，加工等を行い，その素材をもとにオリジナルな視聴覚資料を制作する教育活動が良く行われている。こうした活動の場として，博物館のなかにはデジタル・スタジオを

設置している館がある。デジタル・スタジオにはコンピュータ端末機器，タブレットコンピュータ，携帯型デジタル音楽プレーヤー，デジタルカメラ，プリンターなどの様々な情報機器が準備され，学習者に提供されている。

⑥図書室

図書室を設置している博物館は多い。こうした図書室では博物館の図録等の出版物や博物館の収集対象資料の文献のほかに，博物館教育関係のリソース等がある。美術館では美術情報室とも呼ばれる。

東京都美術館　美術情報室
（写真提供：東京都美術館）

⑦ディスカバリー・ルーム

エデュケーション・センターのような大規模な博物館教育施設をもつことのできない博物館ではディスカバリー・ルームと呼ばれる複合型施設をもっていることがある。ディスカバリー・ルームは講義室，教育用の実物資料，図書などを一体化した施設で，利用者の質問に応じる専門職員が配置されている場合もある。館蔵資料のデータベースの情報端末や視聴覚資料の鑑賞設備があるケースも多い。

⑧キッズ・スペース

主として乳幼児と保護者向けにつくられた施設である。安全に配慮しており，子どもが転倒しても大きなけがにはならないように配慮されている。床にカーペットが敷かれている館もある。スペース内には乳幼児向けの書籍や玩具のほか，子どもと保護者で楽しめる「塗り絵コーナー」などがある。

⑨博物館教育利用者用の休憩スペース，トイレおよびロッカー

博学連携や多数の参加者を対象とした教育プログラムを行う場合に必要となるのが博物館教育利用者用の休憩スペース，トイレやロッカーなどである。博物館には一般の来館者もいるわけで，多数の利用者を対象とした教育活動

を行う場合は，館内のこうした施設が博物館教育活動の利用者で飽和状態となってしまい，一般客に迷惑をかける。また，博物館教育活動の利用者が子どもの場合，安全面から一般客とトイレなどを分けておいた方がよいこともある。こうしたことから，博物館のなかに博物館教育利用者専用の休憩スペース，トイレ，ロッカーを整備している館もある。

⑩展示コーナー

　エデュケーション・センター内には簡単な展示コーナー（講堂や多目的ルームの壁面等を利用している場合が多い）が設けられていることがある。ここには博物館教育活動で子どもや児童・生徒が制作した作品や博物館教育プログラムのポスターが掲示されていることが多い。

第4節　セキュリティー対策

　博物館活動を行ううえで，セキュリティー対策は欠かせない。また，博物館側は活動中に事故が起こる可能性を想定し，リスクアセスメントを行い，事前に対応策を講じる必要がある。欧米諸国の博物館などでは，館内のリスクアセスメントの表をウェブページで公開して利用者に注意を促している館が少なくない。

　博物館教育対策のリスク対策として，まず推奨されることは保険への加入である。博物館の主催する博物館教育プログラムの参加者はもちろんのこと，博学連携活動で博物館を訪れる児童・生徒にも保険の加入を推奨するべきである。

　安全への配慮も十分に行うこと。活動場所に事故につながるものを置かないように気をつけたい。たとえば，材質がガラスの机やガラス製品，瀬戸物などの調度品を置いてはならない。乳幼児の転倒するリスクも想定して，床にカーペットを敷くなどして衝撃を少なくすることに加え，折りたたみ式の机等を使用する場合も，使用後は速やかに撤去するようにしたい。

　エデュケーション・センターもしくはキッズ・スペースのロッカーやトイ

レのつくりにも工夫をこらしたいものだ。例えば，乳幼児は鍵を使うことができないため，こうした施設に内鍵があると，乳幼児が中に入って内鍵をかけ，出られなくなってしまうことがある。こうしたリスクを考慮して，博物館教育用の設備整備をすることが求められる。

　次に犯罪の防止に関する博物館の取り組みについて述べる。最近では子どもが犯罪の被害者になるケースが少なくないため，博物館も犯罪防止に努めなければならない。博物館側が取り組める具体的な方法としては，警察との密接な連絡体制の構築のほかに，監視カメラやモニターの設置，警備員の巡回などが挙げられる。博学連携の活動の場合，引率教員が児童，生徒の指導を博物館側にまかせてしまい，自分自身も観客の一人のようにふるまってしまうケースが時折見受けられるが，このような態度は児童，生徒の安全の確保という点で好ましいものではない。

　前述したが，欧米諸国の博物館ではエデュケーション・センターが児童，生徒の犯罪防止の場として機能している。通常，エデュケーション・センターには警備員が配置されており，児童，生徒の利用時には関係者以外の入室ができないのが普通である。また，児童，生徒はエデュケーション・センター内のロッカー，トイレを利用し，多目的ルームで食事や休憩をする。このように配慮することで一般客との接触を極力，防止している。

　アメリカ合衆国では子どもや保護者を対象とした「子ども博物館」があるが，こうしたミュージアムでは，厳しいセキュリティー対策がなされている。まず，原則として子どもを引率していない成人は入館することができない。子どもを引率していない成人が「子ども博物館」に入館したい場合は，受付で住所や入館目的等を書いた入館申請書を提出する。このときに，入館申請書とあわせてパスポートなどの身分証明書の提出が課せられる。館内ではUnaccompanied Adult（引率者のいない成人）のタグの着用を求められ，退館時に身分証明書を返却してもらう。もちろん，「子ども博物館」には複数の警備員が巡回しており，警戒を怠っていない。

　最後に火災や地震などの災害対策について説明する。災害はいつ，どのような形で起こるかわからない。そのため，博物館側もこうした事態が生じることを前提とした計画を策定しておくことが肝要である。法的基準に従い誘

導灯，煙探知機などを設置することはもちろん，館内では非常事態が生じた場合の利用者への避難誘導訓練やスタッフの役割分担，連絡体制を整備することが求められる。また，大規模地震等が発生したときは交通機能がマヒして，利用者が一定の期間，博物館に滞在する事態も想定される。講堂，多目的ルーム等に加え，広い空間のあるミュージアムは被災者の避難先になる可能性もある。そのような事態を考え，博物館は耐震設計されていることが望ましく，非常用備蓄の充実や関係機関との調整を事前に行うことが求められる。

第5節　感染症対策

　2020（令和2）年より生じた新型コロナウィルス感染症（COVID-19）のパンデミックにより，博物館も十分な感染症対策を求められた。博物館における具体的な感染症対策の指針として，2020（令和2）年に日本博物館協会から「博物館における新型コロナウィルス感染拡大予防ガイドライン」が示されている。

　このガイドラインでは，博物館に接触感染や飛沫感染のリスク評価，集客施設としてのリスク評価，地域における感染状況のリスク評価を行なうように求めている。特に博物館の具体的な活動と関連するのが，接触感染と飛沫感染のリスク評価である。接触感染をひき起こす具体的な高頻度接触部位として，ガイドラインではテーブル，椅子の背もたれ，肘掛，ドアノブ，電気のスイッチ，電話，キーボード，タブレット，タッチパネル，レジ，蛇口，手すり，エレベーターのボタン，券売機，音声解説用機器，車椅子等に注意が必要と示している。また，飛沫感染防止のために博物館内においても，人と人との距離をどの程度維持出来るか配慮し，大声を出す場所がどこにあるかを調べるように推奨している。そして，「リスク評価」の結果，具体的な対策を講じても十分な対応ができないと判断された場合は，展示や博物館教育プログラムの中止や延期を求めている。そのため，実際にパンデミックが起こった2020年以降では多くの博物館教育活動が中止または延期された。

しかし，その一方でオンラインを用いた博物館教育活動の実施や個人のスマートフォンを通じた展示資料解説サービスの実施など感染症対策をふまえたうえでの博物館教育活動が実践された。今後も感染症をふまえたうえでの新しいかたちの博物館教育活動が開発されていくことが予想される。

第6節　博物館教育関連情報の提供

　博物館教育関連情報の提供も博物館教育の環境整備の一環である。最近では，博物館教育関連の情報提供は館のウェブサイトを通して行われることが多く，「博物館利用の手引き」や「博物館教育関連情報のお知らせ」はPDFファイルでダウンロードすることができる仕組みになっている。もちろん，PDFファイルのみならず，冊子版でこうした情報を提供している館もある。加えて，最近はフェイスブックやツイッターのようなソーシャル・ネットワーク・サービス（SNS）を活用した情報提供の手法があり，導入している館が多い。

　「博物館利用の手引き」は冊子や電子版で刊行されていることが多い。この手引きには博物館教育に関する基本的な情報がコンパクトに掲載されている。具体的にいえば，博物館の概要，所蔵資料の概要，博物館までの交通手段（駐車場の有無なども含む），個々の博物館教育プログラムの概要（教育プログラムの内容，所要時間，参加費等），トイレ，ロッカー，昼食をとる場所等のサービス関係の情報，博物館で守るべきルールなどが掲載されている。

　ウェブサイトや冊子を用いた博物館教育関連情報の提供のほか，教員向けの活動を行って博学連携を促している館もある。例えば，国立西洋美術館には企画展の開催にあわせて「先生のための鑑賞プログラム」というプログラムがある。これは小・中・高等学校の教員を対象にしたプログラムである。このプログラムの参加教員は，美術館の企画担当者から40分程度のレクチャーを受け，プログラムに合わせて，企画・展示も自由に見学できる。

学習課題 （1）ミュージアム・エデュケーターの仕事をまとめましょう。

（2）博物館教育を行うためにはどのような設備が必要でしょうか。

参考文献 ・駒見和夫『博物館教育の原理と活動：すべての人の学びのために』学文社，2014年

第6章 | 博物館教育活動の企画と実施

　博物館教育では本物に触れることと同時に，様々な利用者に対して，幅広い教育プログラムの提供が期待されている。なかには博物館でこのようなことを学びたいという明確な意思をもって訪れる人もいるが，ただ興味本位で訪れた人もいる。また，子どももいれば，大人もいる。知識や経験の違いもある。このような博物館を利用する様々な人々に何らかの影響を与え，かつ学びの場を提供するには，多様な方法で博物館を活用することを支援する必要がある。この章では以上のことをふまえ，博物館の教育活動の種類とともに，企画から実施までの具体的内容を考えていきたい。

キーワード | 博物館教育の種類　展示　教育　企画　実施

第1節　博物館における教育的活動の種類

　博物館における教育的活動を整理してみると，展示や教育活動はいうまでもないが，情報提供やサービスなどの活動にも教育的要素は含まれている。博物館は調査研究の成果を展示という形で公開し，展示やコレクションに関連した教育プログラムを企画・実施する。そして利用者と博物館の結びつきや利用者の求めるものに対して，情報やサービスを提供し，支援していくことも博物館の役割である。こうした博物館の教育的活動の種類を分類すると表6-1になる。

表6-1 博物館の教育的活動の種類

活動の種類			内容
展示関係	展示		常設展
			特別展・企画展
			巡回展（移動展）
	解説	解説物	文字／イラスト／図表／写真／映像
		人による解説	解説員／ガイドツアー（ギャラリーツアー）／ギャラリートーク／実験・実演解説／オーディオガイド
		印刷物	展覧会図録／解説書／ガイドブック／解説シート／ワークシート
教育関係	館内		講座／ワークショップ／体験学習／研修会／講演会／研究会／シンポジウム
			博物館実習生受け入れ／ボランティア活動支援／友の会・サークル活動支援
	館外		見学会／観察会／採集会
			アウトリーチ活動／資料・ミュージアムキット貸し出し
情報発信	刊行物		総合カタログ／所蔵資料目録／関連書籍／紀要／館報（年報）／報告書
	広報		ニュース／ホームページ／メールマガジン／SNS
サービス	情報提供		レファレンスサービス／収蔵資料データベース
	学習支援		ライブラリー／集会室

（1）展示関係

①展示

　博物館にとって，展示は博物館というものを特徴づける大事な活動であり，教育活動の基本といえる。展示を簡単にいうと，「公開の場で，目的をもった意図のもとに，ある事物を利用者に示す」ことである。同時に，「そのための空間をつくることと，表現する技術」が求められ，この両者が一体となって展示は構成されている。博物館プログラムはこの展示と結びつくもので，展示がいわば核となる構造になっている。

　博物館の展示は大きく分けると常設展示と企画展示になる。常設展は所蔵するコレクションによる長期的な展示である。あるテーマを設定して所蔵資料をもとに展示を構成する。ただし，長期的な展示であるといっても，資料によっては，保存面や安全面で長期的な展示ができないものもあるため，資

料の入れ替えは必要になる。また，研究活動の進展をふまえたテーマ設定の変更や経年によるディスプレイ自体の傷みから，展示のリニューアルなどが行われることもある。

　企画展は常設展を補完するテーマや分野などを対象に，館の活動を幅広く，活性化させるために開催する展覧会である。そのため，自館のコレクションばかりではなく，他の博物館をはじめ，公的・私的所蔵者から資料を借用することが多い。通常の企画展より展示や予算面で規模が大きいもの，記念的なもの，重点的内容のものなどを特別展としているケースが多い。

　一つの展覧会が他の博物館でも開催される展示は巡回展，あるいは移動展と呼ばれる。展覧会の企画が数館による共同企画の場合や，一つの館が企画した展覧会を他館で巡回する場合もある。

②解説
解説物

　利用者は展示されている資料を見て得る情報のほかに，解説からの情報によって多くのことを得る。また解説の方法も様々なものがある。そこで展示計画では解説をどのような方法にするか，どのようにすれば効果的かということをあらかじめ考えておく必要がある。これは解説計画と呼ばれる。つまり，解説計画は展示におけるキャプション，テーマ解説，映像，解説書など解説に関わるすべてを含む情報伝達の方法とそのシステムの構築である。

　解説は博物館の種類や展示物，対象となる利用者によって，あるいは展示計画を行った人たちの考え方によってかなり違いが出てくるであろうが，博物館の展示は調査研究の成果を展示という形にしたものであり，解説はそれを裏付ける大事な情報でもあることから，これをおろそかにすることはできない。計画は学芸員をはじめ，展示に関わる専門スタッフや展示デザイナーなどによって行われる。解説の内容を考えるのは学芸員が中心となるが，企画によっては展示に関わる外部の専門家に依頼することもある。

　解説計画でまず明らかにしなければならないことは，展示の目的と誰を対象とするかである。これによって解説方法や解説文の内容が違ってくる。次はどのような解説方法をとるかである。これは目的と対象，展示物，展示内

容，展示空間などによってその方法と効果は変わってくるので，何が適切かを考え，最善のものを選ばなくてはならない。情報量はできれば少なくすべきであるが，あまり簡単すぎると利用者が物足りない思いをするので適切な量を考慮しなければならない。同時に内容は明確に，理解しやすく，そして正確に書くことはいうまでもない。

　また，様々な来館者が訪れるという視点から考えると，大人を対象とする展示解説であっても，子ども用の解説シート，ガイドブック，ワークシートを用意するほか，他言語表記をキャプションや解説パネルに入れたり，印刷物を用意するなど，一つの展示であっても対象者を考慮する重層性をもたせた解説が必要になるであろう。

　解説物は展示資料の資料名・制作者・材質・技法・法量・制作年（使用年）・所蔵先など基本データを記載したキャプション，展示の全体解説・テーマ解説・資料解説・補足解説などのパネルやプレートで情報を伝達する。主となるのは文字であるが，情報の理解を促すために，イラスト・図表・写真などのグラフィックによる視覚表現を取り入れることも多い。このほか映像を用いた解説も多くの博物館で取り入れられている。単に映像だけではなく，ナレーションを加えることができるため，効果的な情報伝達ができる。

人による解説

　人による解説では，解説員による対面的な解説手段がある。解説員には，解説専門の業務を担当するスタッフのほかに，ボランティアが解説員として利用者に解説をすることもある。この場合，解説物のように一方的な情報提供ではなく，場合によっては質疑応答もできるなど双方向的なやりとりが可能であることが利点となる。

　そのほか人的な解説には，ガイドツアー（ギャラリーツアー）という学芸員やガイド役のスタッフが展示室を案内しながらテーマや展示物を解説していくやり方がある。これに似ているが，展示室においてある決められた展示物を解説するのがギャラリートークである。ガイドツアー，ギャラリートークとも解説員による解説と同じように質疑応答ができるため，双方向的なやりとりが可能である。なお，美術館でのギャラリートークには，対話型鑑賞

教育に代表されるファシリテーター（促進役）と呼ばれる話者と参加者の間で積極的に対話を重ねながら自由な鑑賞を促す方法も盛んに取り入れられている。

　また，科学系の博物館では学芸員ないし専門スタッフ（館によってはボランティア）が利用者の前で解説をしながら，ある実験や実演をすることも見られる。英語ではデモンストレーションといい，決められた時間に展示室や学習室などで開催されるイベント的な要素をもつ方法である。対面型の解説には，専門的知識と同時に，参加者の理解や反応に合わせながら，楽しく，理解しやすい話術も要求される。

　このような対面型の情報提供以外に，情報機器を利用した音声による解説もある。オーディオガイドは，音声ガイドとも呼ばれ，展示の流れに沿って解説を情報機器から聞くシステムである。近年では情報機器と通信手段の発達により，利用者が聞きたい解説を選択できる方法やスマートフォンで解説が聞けるサービスなど，自由にアクセスできる情報端末や方法が開発されている。

印刷物

　解説には，印刷物を利用した方法もある。展覧会の図録，展示の解説書，ガイドブックなどは，キャプション・解説パネルなどによる解説を補填し，より詳細に情報を伝える役割がある。また，これらを持ち帰ることができるため，展示を見終わったあとでも展示や展示物を振り返ることができることから，展示の理解や学習・研究に役立つマテリアルである。

　解説シートは，展示のテーマや関連情報などを記載したシート状の印刷物である。展示室，あるいは館内に置かれ，興味や関心がある利用者は自由に手にすることができるとともに，持ち帰ることも可能である。先に述べたように，大人用の解説を子ども向けの内容にして，解説に重層性をもたせることもできるであろう。

　ワークシートは，セルフガイドとも呼ばれ，設問によって利用者を展示資料に導き，展示のねらいに合った見学や観察を促すための補助教材である。主に子どもを対象としているが，一般向けのワークシートもある。子どもの

場合は，展示資料のなかから発達段階に合ったものを選び，楽しく学習できるように内容や見学のポイントを示す必要がある。さらに，学校教育と連携してワークシートを作成する際は，学校教員と学芸員の事前の打ち合わせが大事になる。

(2) 教育関係
①館内での教育活動

　博物館の館内で行われる教育プログラムには講座・ワークショップ・体験学習・研修会・講演会・研究会・シンポジウムなどがある。

　講座はある特定のテーマのもとに，少人数の参加者を募り，主に複数回で構成される講義形式のプログラムである。ワークショップとはもともと「仕事場」「作業場」など，物を作る場のことを意味するが，近年では様々な分野で使われる言葉で，参加者が主体的に体験し，参加者グループ間でコミュニケーションを取りながら，何かを学んだり，創り出したりするスタイルをいう。ここでは教える側からの一方向的な知識や技術の伝達ではなく，ファシリテーターのもとに，参加者が自発的に活動し，参加・体験をすることを目指している。美術館においては，絵画・彫刻・版画・工芸・デザインなどの実技教室や創作活動のほか，美術品の鑑賞をワークショップ形式で行うことが多い。

　体験学習は広い意味でとらえるとワークショップに含まれるが，自らの体験を通してある特定の知識や経験が得られるという学びのスタイルである。歴史博物館においては，土器作り，勾玉作り，火おこし，甲冑や衣装の着用，民俗博物館では，わらじ作り，わら細工，竹細工，科学博物館では，物理や化学の実験・実習など，様々な博物館で取り入れられているプログラムである。

　講演会やシンポジウムは特別展や企画展の開催に合わせ，関係するテーマのもとに博物館の講堂や広いスペースなどで行われる。講演会は1回限りのものや，関係するテーマで何回かに分けて行う場合もある。講師はその館の学芸員のほか，外部の専門家に依頼することも多い。シンポジウムは講師や代表者による講演があり，その後問題提起をもとに司会者の進行により，複

数の討議者，そして参加者間で討議や質疑応答を行う形式の討論会である。そのほか，博物館を利用して，学芸員や教員のスキルアップを目的とした研修会や博物館の所蔵資料や分野に関連するテーマで研究会を開いている博物館もある。

　これらの教育プログラムに加え，博物館実習生受け入れ，ボランティア活動支援，友の会・サークル活動支援も博物館の大事な教育活動である。博物館実習は博物館法の施行規則に定められた，大学での学芸員課程の履修に必要な科目で，登録博物館ないし博物館相当施設（大学がこれに準ずると認めた施設を含む）での実習により修得するものとされている。博物館専門職員としての学芸員の基本的な素養を身につけるためには，博物館学全般の理論と技術を生かして現場で実践的な経験や訓練を積むことが必要である。博物館が実習生を受け入れることは次代の学芸員を育てる教育活動になる。また，ボランティア活動やサークル活動を支援することは，活動を行う者の自主性のもとに，生涯学習の場を提供し，活動を支援していくことにつながっている。そのため，ボランティアが博物館で様々な活動を行い，利用者との良好な関係をつくるには，一定の教育や研修が必要になる。サークル活動にしても，グループを育て，活動が活発に行われるように支援していくことは博物館の大事な教育活動といえる。

②館外での活動

　博物館の教育活動は館内だけでなく，館の外でも行われる。館外の活動としては，あるテーマや場所をもとに，博物館側のスタッフがガイドや説明役になって参加者とともに見学や観察，あるいは採集を行う見学会・観察会・採集会がある。もう一つは博物館側が地域社会に出て授業や展示などの活動を行うアウトリーチ活動と，資料やキットを外部に貸し出しするサービス活動がある。

　見学会・観察会・採集会は，地域社会の歴史・文化・自然・産業に対する理解を深め，現場でしか得られない体験を重視して博物館活動の拡大を図ることを目的として行われる。歴史系の博物館であれば，遺跡・史跡・社寺・城郭・古道などを見学したり，自然史系の博物館では，野外の植物・動物・

地層・岩石・化石を観察するなど、様々なフィールド活動が展開されている。このほか、美術館であれば、作家の生家やアトリエを見学したり、街中のパブリックアートを見学したりすることもある。採集会は植物・昆虫・化石などを採集しながら、スタッフによる解説や説明を聞くことで、自然を理解し、自然に親しむ活動である。したがってこのような会は、各博物館の性格や特徴、そしてコレクションや分野に沿う内容で実施される活動になる。

　アウトリーチとは、「手を伸ばす」「手をさしのべる」という意味であり、福祉・医療・教育関係の分野における地域社会への奉仕活動や出張サービスのことをいう。博物館の場合、学校・公民館などの公的施設で小規模な展示を行う移動展示、学校・公民館などで博物館の学芸員が授業を行うなどの活動がある。また、資料やミュージアムキットを公共機関や団体などに貸し出しすることも広い意味ではアウトリーチ活動に含まれる。ミュージアムキットとは、貸し出し専用の資料教材のことである。たとえば山梨県立博物館では「戦国時代キット」（戦国時代の鎧兜、太刀、火縄銃によるキット）、「江戸時代キット」（江戸時代の武士の袴、太刀、町人の服装、寺子屋本によるキット）など、複数のキットを用意して公的機関の場で利用できるようにしている。またキット以外に紙芝居、博物館図録、企画展図録、研究紀要などの刊行物も貸し出している。したがって、博物館を利用することが困難な人や、博物館の持つ人材やマテリアルを利用してより効果的な教育を実施したい場合などに、アウトリーチ活動や資料・ミュージアムキットの貸し出しは有効性を発揮するだろう。

（3）情報発信

　博物館の展示関係においては展覧会図録・解説書・ガイドブックなどの刊行物があるが、ここではそれ以外のコレクションや施設情報、研究成果の公開・発表などの目的で刊行される書籍類を情報発信としてまとめている。総合カタログは博物館の施設・コレクション・展示・教育活動など記した博物館案内で、所蔵資料目録（図録）はコレクションの基本データや画像を記載した所蔵品紹介の刊行物である。関連書籍は展覧会図録を一般書として刊行したものや学芸員の研究を刊行した書籍になる。紀要は学芸員の研究成果を

論文集としてまとめたもので，館報（年報）は博物館の年間の活動や運営を記録した刊行物である。このほか，調査研究活動に関係した報告書などもあり，このような博物館の出版活動も広い意味での教育活動といえる。

　もう一つの情報発信はニュース，ホームページ，メールマガジン，SNSなどである。博物館が社会のために活動を行おうとしても，博物館の情報が社会に伝えられていないと有効性が高められない。ニュースは博物館の様々な活動や利用情報を掲載して定期的に発行する。近年，ニュースなどの印刷物もウェブサイトで発信したり，ホームページを充実させるとともに，メールマガジンやSNSを活用するなど，人々に積極的な情報発信を行う館が増えている。情報発信は博物館の広報や宣伝の目的もあるが，博物館の展示・教育活動にとって利用者や参加者を結びつけるための大事なツールになる。

(4) サービス

　博物館の教育的機能には情報提供や学習支援というサービスがある。レファレンスサービスは，博物館の利用者や外部からの質問・問い合わせ・相談などに学芸員や職員が情報の検索をしたり，回答をするものである。博物館によっては，レファレンス受付カウンターを設けているところもあるが，人々の興味・関心からくる疑問・質問に答え，利用者の調査研究や学習を援助するために，ほとんどの博物館が対応しているサービスである。また，情報提供には収蔵資料に関するデータベースがある。これは所蔵資料の基本データ・解説・画像をデジタル化して検索できるようにしたもので，館内での利用をはじめ，インターネットでデータベースを公開している館が増えてきている。

　このような情報提供サービス以外に，ミュージアムライブラリーを設けて博物館の刊行物，所蔵資料や関連分野に関する書籍などを備え，個人やグループの学習・研究のために場を提供することも行われている。そのほか，集会室をはじめ館内施設を研修や学習のために貸し出すことも博物館が学びの場として活用される教育的活動につながる。

第2節　教育プログラムの企画から実施まで

(1) 企画

　博物館の教育的活動の種類は多様であるが，ここでは教育活動のうち，とくに種類を限定せず一般的教育プログラムの枠組みとしての部分を説明していきたい。

　教育プログラムを企画してそれを実施するには，博物館の使命や理念をもとに，博物館の諸活動との結びつきも考慮しながら，スケジュールに沿ってプログラムが立案・計画されなければならない。

　教育プログラムを企画立案するには，様々な要素や条件をもとに考えていく必要がある。まず，博物館の使命や理念に沿ったテーマを考えねばならないが，それには市民のニーズや関心などもアンケート調査などであらかじめ知っておく必要がある。そして，教育プログラムの目的・意義を明確にしておくことも大事である。

　企画を考えるには表6-2のような考慮すべき要素があるので，様々な角度から検討してよりよいテーマを決めねばならない。参加対象者は個人のほか，団体もあるが，団体の場合は学校の学年・学級のように年齢がある程度決まっている集団や不特定多数の集団がある。この集団の知識・経験レベル，年齢層に合わせたものを考慮するとともに，参加者を募集する際には対象者を決めておくのか，不特定の人を対象とするのかを考えておく必要がある。

表6-2　企画の際考慮すべき要素

博物館の使命・理念 中長期計画		
教育プログラムの目的・意義		
目標		
展示資料 コレクション コレクションの分野 使用可能な材料・素材 準備物	ニーズ 対象者 安全性 快適性	予算 場所 日程 担当者 講師 広報

次に，何を伝えるのかというテーマが決まると同時に，集団の学びや経験の種別を考えておく。つまり，どのように伝えるのかという内容や手段面での検討である。内容面には「知識の伝達」「技術の習得・理解」「体験させる」「楽しませる」「コミュニケーション」などがあり，これらの要素のうち何をさせるものなのか，また組み合わせも考えておく必要がある。

　さらに，人の情報受容の手段には，「視覚」「聴覚」「触覚」「臭覚」「味覚」など五感を通したものがあることに留意しなければならない。このほか，スタッフと参加者との間での対話も情報を得る手段となる。したがって，プログラムの目的や意義のもとに目標を達成するには，どのような内容と手段をとれば効率よく効果的な活動ができるかを検討していくことが求められる。

　何事もそうであるが，いきなり完成したものをつくることは至難の業である。展示計画で基本設計・実施設計と段階を踏んで作業を進めるように，一度基本となる企画が出来上がれば，できるだけ多くの人の目も入れて，いろいろな角度から検討を加えて修正・改善を行うことが大事である。プログラムは年次計画に沿って実施されるので，前年度には予算措置も含めて博物館の活動を運営会議にかける必要がある。

　教育プログラムの実施にあたっては，まずプログラムの指導プランとなる実施シナリオを作成する。シナリオはプログラムの全体の流れに沿って，担当，準備物，進行などを文章化したものである。これを用意すれば，担当するスタッフ全員が共通の認識をもって実施にのぞめる。特に決められた書き方はないので，プログラムの種類や内容に合わせて使いやすいものを作成すればよいであろう。

　実施するプログラムの参加者を募るための広報には様々なやり方があるが，ポスター，チラシのほか，館のニュース，ウェブ，広報誌などを利用して，できるだけ多くの人の目にとまるように工夫する必要がある。また新聞，雑誌，タウン誌などのメディアにプレスリリースを送ると情報を掲載してもらえることが多い。

(2) 実施

①シミュレーション

　実施のためのスケジュールは表6-3のような流れになるが，いきなり本番を迎えるのではなく，実施の前にはプログラムの想定した進行に従ってシミュレーションを行う。シナリオをもとに，タイムスケジュール・場所の確認・スタッフの配置・参加者の位置・動線・備品や材料などを確認し，内容の進行が適切かどうか，準備物に不足がないか，時間配分は適切かどうかといった本番に備えた予行演習をしておく。このことで，実施する際の不備を修正し，改善していくのである。なお，この場合の参加者は博物館のスタッフやボランティアの人たちが担当すればよいだろう。

②プログラム実施

　一般的にプログラムは導入・展開・まとめという流れで構成されている。プログラムの種類によって様々な流れが考えられる。ここではそれぞれの展開をみていくことはできないので，簡単ではあるが共通する留意点を述べておきたい。

　導入では，実施されるプログラムへの参加者の意欲や意識を高めるとともに，実施内容に対する事前理解を促すことを心がけることが大事である。またこの段階で，参加者全員の心が和む雰囲気をつくりだしておくこともプログラムのスムーズな展開に結びつくであろう。

　展開では具体的な活動や体験をするのであるが，時間中参加者の集中力を持続させるための工夫が必要になる。したがって，時間が長い場合は適宜休息時間を設けなければならない。合わせて参加者が内容を理解し，進行についてきているかに注意する。参加者の理解状況を確認する必要があると判断したときには，参加者に質問するなどして，理解度をチェックする必要がある。これはグループワークの場合も同じで，グループ全員の理解度に留意しなければならない。

　まとめはプログラムの成果を高め，参加者の満足度を得るための振り返りの時間になる。ここでは，「プログラムで行ったことの内容を振り返り，内容の定着を図る」「学習や体験の成果を確認する」「達成感を与える」「その

後の学びにつなげる」といったことがポイントになる。

　実施段階の全体では，写真やビデオを用いたり，記録メモを取るなどして記録に残すことが求められる。つまり，実施した内容や状況を形にして残すための作業であり，博物館の事業報告としてまとめるための材料になる。また，以降のプログラムの企画に反映させるためにも必要になる。さらに，参加者について知ることと，実施した内容を評価し，よりよいプログラムにつなげるためにはアンケートを取っておくことも有効な手段になる。

（3）事後

　プログラムの実施を終えれば，アンケート集計と分析，記録のまとめ作業，評価，実施報告書の作成，収支報告などを行わねばならない。博物館の教育

表6-3　プログラムのスケジュール

担当者の決定		
企画立案		
実施決定 実施日・対象者・人数・実施場所・集合場所・参加費・講師・募集要項・予算		
・プログラムで使用する教材や 　材料の調達 ・機器備品等の用意 ・保険	実施シナリオ作成 スケジュール表作成 募集要項の作成 募集開始 募集締め切り 参加者決定・通知	・広報誌への掲載依頼 ・マスコミへのプレスリリース
シミュレーション タイムスケジュール・場所の確認・スタッフの配置・参加者の位置・動線・備品や材料の確認		
プログラム実施		
導入 展開 まとめ	記録（文字・写真・映像） 取材対応 アンケート調査	
会場撤収・かたづけ		
事後 アンケート集計・分析 記録まとめ 評価 実施報告書作成 収支報告 課題		

プログラムは評価することはむずかしい部分があるが，記録やアンケート結果などをもとにプログラムの目的が達成されたかを確かめることが大事になる。

　これは事後も実施した博物館教育を振り返り，これを次のステップへとつなげ，長期的なスタンスで方向性を常に確認していくことが求められるからである。博物館教育は一過性のものではなく，活動を継続させていかねばならない。博物館を利用する多くの人々に何らかの影響を与え，かつ学びの場を提供するには，多様な方法で博物館を活用することを継続的に支援する必要がある。

　加えて，博物館という施設を飛び出て，積極的に地域社会に学びの場を提供することも求められている。さらに，今の学校教育では教育内容を，教えられる側が教える側から直接学ぶ教授法から，子どもたちが主体的にテーマを設定して学び方を学ぶ教育のあり方へとシフトしつつあるように，博物館と学校との相補的な関係づくりも考えていかねばならない。これは学校教育だけではなく，生涯学習社会という広がりのなかで博物館が何をなしえるのか，人々の生涯学習を一人ひとりにどう保障していくのかという課題に応える必要性に迫られているといえるだろう。したがって，教育プログラムの実施にあたっては，館の使命や理念をもとに中長期計画を立てて，活動の展開を継続的に考えていくことに留意しなければならない。

学習課題　(1) 博物館の展示に関わる解説にはどのような種類があるか説明しましょう。
　　　　　　(2) 博物館の館内で行われる教育プログラムの種類と内容を説明しましょう。
　　　　　　(3) 博物館の館外で行われる教育プログラムの種類と内容を説明しましょう。

参考文献　・小笠原喜康・並木美砂子・矢島國雄編『博物館教育論——新しい博物館教育を描きだす』ぎょうせい，2012年

・加藤有次・鷹野光行・西源二郎・山田英徳・米田耕司編『生涯学習と博物館活動』（新版・博物館学講座　第10巻）雄山閣出版，1999年

第7章 | 学校教育と博物館

　本章では「博学連携」の目的，意義，問題点を文部科学省学習指導要領との関係や事例を通して学ぶ。

キーワード | 博学連携　学習指導要領　教科横断的な活動　教科別博物館
　　　　　　　| 活用　学習者主体の活動　博学連携プログラムの実施手順

第1節　学習指導要領と博物館での学習

　我が国の博物館法によれば，博物館の事業として「学校，図書館，研究所，公民館等の教育，学術又は文化に関する諸施設と協力し，その活動を援助すること」とある。本節で注目したいのは，学校と協力し，学校の教育活動を援助する，という点である。近年，学校との連携活動や提供サービスが増加している一方で，特に学校との連携活動が何らかの理由により実現していない博物館もある。今後，提供サービスはもとより，学校との連携活動の実現はますます必要とされるであろう。連携活動の実現には，まずは，学校の事情を知る必要がある。

　学校は，基本的に学習指導要領をもとに教育活動を展開させている。どのくらい準拠しているかは各学校，地域によって事情は異なるが，公立学校は準拠していることが前提である。そのため，博物館において教育活動に携わる者は特に学習指導要領を把握しておくことで，教育プログラムをはじめとした教育サービスの内容を学校のカリキュラムに寄り添った形で計画するこ

とができる。本節では，博物館に関係する学習指導要領の内容に触れたうえで，博学連携活動の可能性を述べる。

　学習指導要領とは，学校教育法やその他関連法に基づき，文部科学省が定めた教育課程の基準である。この基準に基づき，各学校（特に公立学校）では，地域の実態に応じて教育課程を編成し，どの学校で教育を受けても，一定水準の教育を受けられるようになっている。

　学習指導要領は，約10年ごとに改訂される。近年の改訂では博物館をはじめとした社会教育施設との連携がうたわれ，実現化もめざましい。本節では，2017（平成29）年（高等学校は，2018〔平成30〕年）に改訂された学習指導要領をもとに各教科において博物館との連携がうたわれている部分を取りあげ，どのような学習活動で博物館の協力が必要なのか，どのような連携が求められているかを確認していく。そして，「博物館」のみならず，「美術館」「社会教育施設」「公共施設」の表記部分も取り上げ，博物館の種類の広がりにも着目する（「博物館」は，自然科学だけでなく，「歴史，芸術，民俗，産業，自然科学等」に関する資料を扱う施設も対象となり，教科教育と広範囲にわたって関わりをもつことが可能であることを示す）。また，教科以外の教育活動「特別の教科　道徳」「総合的な学習の時間」「特別活動」において，教科横断の視点から博物館を活用することが求められているため，これらの活動に関する部分も取り上げ，学校との連携のひろがりをすすめる。以下，小中高各教科の学習指導要領に基づき解説する。

（1）総則

　総則では，小・中学校においては，「教育課程の編成，実施について各教科等にわたる通則的事項を規定」している。高等学校においては，「教育課程編成の一般方針，各教科・科目及び単位数，各教科・科目等の履修，各教科・科目，総合的な学習の時間及び特別活動の授業時数，内容等の取扱いに関する共通的事項，指導計画の作成等に当たって配慮すべき事項等について規定」している。つまり，各学校種における教育活動の基本が示されている。

　2017（平成29）年の改訂では，「主体的・対話的で深い学び」の実現を目指し，総則では，各教科の指導に当たり，「地域の図書館や博物館，美術館，

劇場，音楽堂等の施設の活用を積極的に図り，資料を活用した情報の収集や鑑賞等の学習活動を充実すること」としている。

　また学校運営に関する事項では，教育課程の実施に当たり，小学校は地域社会との連携や協働が求められている。具体的には「学校がその目的を達成するため，学校や地域の実態等に応じ，教育活動の実施に必要な人的又は物的な体制を家庭や地域の人々の協力を得ながら整えるなど，家庭や地域社会との連携及び協働を深めること。また，高齢者や異年齢の子供など，地域における世代を越えた交流の機会を設けること」とされている。中学校では小学校同様，地域社会との連携や協働を深めるよう記されている。高等学校ではこの部分にあたる記述はない。

　小学校にはなく，中学校および高等学校に共通する記述がある。それは，教育課程外の学校教育活動と教育課程の関連が図られるように留意するという点である。つまり，学校の中と外との教育活動に関連をもたせるために，「学校や地域の実態に応じ，地域の人々の協力，社会教育施設や社会教育関係団体等の各種団体との連携などの運営上の工夫を行い，持続可能な運営体制が整えられるようにするものとする」とされている。ここでは具体的に「博物館」と明記されていないが，より広義の「社会教育施設」が記されている。

　このように総則においては，学校の教育課程全体に関する事項があげられ，各教科に関わらず，学校教育を行ううえで，博物館を含む社会教育施設の利用や施設からの協力，あるいは連携を求めていることがわかる。

（2）社会

　小学校3年生以降，「公共施設」や「地域社会」に関する歴史，伝統，文化等について学習する。また，6年生では，国宝や重要文化財を通して歴史を学習する。これらの学習指導計画の作成時において，「各学校においては，地域の実態を生かし，児童が興味・関心をもって学習に取り組めるようにするとともに，観察や見学，聞き取りなどの調査活動を含む具体的な体験を伴う学習やそれに基づく表現活動の一層の充実を図ること。また，社会的事象の特色や意味，社会に見られる課題などについて，多角的に考えたことや選

択・判断したことを論理的に説明したり，立場や根拠を明確にして議論したりするなど言語活動に関わる学習を一層重視すること」「博物館や資料館などの施設の活用を図るとともに，身近な地域及び国土の遺跡や文化財などについての調査活動を取り入れるようにすること。また，内容に関わる専門家や関係者，関係の諸機関との連携を図るようにすること」とされている。

　中学校では，「情報の収集，処理や発表などに当たっては，学校図書館や地域の公共施設などを活用するとともに，コンピュータや情報通信ネットワークなどの情報手段を積極的に活用し，指導に生かすことで，生徒が主体的に調べ分かろうとして学習に取り組めるようにすること。その際，課題の追究や解決の見通しをもって生徒が主体的に情報手段を活用できるようにするとともに，情報モラルの指導にも留意すること」とされている。

　高等学校の普通教育では，「社会」は「地理歴史」「公民」に相当する[1]。「地理歴史」の各科目において調査の実施や諸資料の収集にあたり，専門家や関係諸機関と連携・協働し，社会との関わりを意識した教育活動が目指されている。特に「歴史総合」「日本史探究」「世界史探究」では，「年表や地図，その他の資料を積極的に活用し，文化遺産，博物館その他の資料館などの施設を調査・見学するなど，具体的に学ぶよう指導を工夫すること」が求められている。また，その際，諸資料を整理したり保存したりする意味や意義に気づくようにしたり，社会との関わりを意識したりなどの工夫も求められている。「公民」では，各科目共通して，情報の収集，処理や発表等の活動において，学校図書館だけではなく地域の公共施設を活用することが求められている。

(3) 理科

　小学校3年生以降，「博物館や科学学習センターなどと連携，協力を図りながら，それらを積極的に活用すること」としている。

　中学校では，同様に「博物館や科学学習センターなどと積極的に連携，協力を図るようにすること」とされている。

　小学校や中学校の理科の学習では，観察や実験などの活動を行いながら自然の事物・現象についての問題を科学的に解決していく。こういった学習を

より体験的に，より探究的に取り組めるよう博物館の資料や設備，学芸員の知見等を活かした教育サービスを行いたい。

　高等学校では，各科目共通して，指導にあたり「大学や研究機関，博物館や科学学習センターなどと積極的に連携，協力を図るようにすること」とされ，より専門的な視点での連携や協力を求めている。また，2018（平成30）年に新設された理科と数学の探究科目「理数」では，「大学や研究機関，博物館や科学学習センターなどと積極的に連携，協力をはかるように」し，生徒が個人やグループで課題を設定し，観察や実験，調査を通して探究を行い，成果をまとめて発表を行う活動の指導をするよう求められている。この教科「理数」は，普通教育と専門教育の両方に存在する。

（4）生活

　小学校1・2年生において実施される教科である。児童の生活に密着した内容であり，小学校3年生以降に学習する社会や理科との関連も深く，身近な人々や社会，自然との関わりが重視されている。生活の学習では，特に博物館，社会教育施設といった文言は明記されていないが，公共物や公共施設を活用するよさを感じ取ったり，その働きをとらえたりする活動や体験を通して，公の場を知り活用することを学習していく。そのため，「地域の人々，社会及び自然を生かすとともに，それらを一体的に扱うよう学習活動を工夫すること」とされ，学校の近くに博物館が所在しているのであれば，まずは職員との交流から学校や児童との関わりを構築し，博物館はみんなのものであること，活用できるようにどのように支えているか，どのような働きをしているのか等に結びつけ，生活の中で自発的に利用できる施設があることを伝えていくことが望まれる。

（5）音楽

　小学校の音楽の教育活動は，表現と鑑賞の活動に大きく分けられる。これらの活動と学校外での音楽活動とのつながりを意識する手立てとして「児童が学校内及び公共施設などの学校外における音楽活動とのつながりを意識できるようにするなど，児童や学校，地域の実態に応じ，生活や社会の中の音

や音楽と主体的に関わっていくことができるよう配慮すること」とされている。博物館や社会教育施設等の明記はないが，小学校の活動を土台として，中学校では，「生徒が学校内及び公共施設などの学校外における音楽活動とのつながりを意識できるようにするなど，生徒や学校，地域の実態に応じ，生活や社会の中の音や音楽，音楽文化と主体的に関わっていくことができるよう配慮すること」としている。音楽そのものや楽器を専門的に取り扱った博物館は数少ないが，部分的に，あるいは一時的に取り上げる博物館はある。たとえば，美術分野と音楽をテーマとした展覧会を行うことがある。また歴史的テーマを扱った展覧会では，楽器を歴史的資料として扱うこともある。「正倉院宝物展」はその代表である。和楽器や世界の諸民族の楽器を学習するにあたり，楽器そのものや楽器の音色を体験的に学習し，生活や社会の中の音楽や音楽文化とのつながりを意識して自分自身が関わっていくきっかけづくりとなる。

　高等学校の普通教育に関わる内容は，下記（6）で述べる。専門教育の教科「音楽」には科目が8科目あり，各科目の特徴を踏まえ，「学校や地域の実態に応じて，文化施設，社会教育施設，地域の文化財等の活用を図ったり，地域の人材の協力を求めたりすること」とされ，社会教育施設としての博物館の活用が考えられる。

（6）図画工作・美術

　音楽と同様，図画工作・美術の教育活動は，表現と鑑賞の活動に大きく分けられる。小学校の図画工作では，鑑賞活動において「児童や学校の実態に応じて，地域の美術館などを利用したり，連携を図ったりすること」とされている。

　中学校の美術でも同様に，鑑賞活動において「美術館や博物館等と連携を図ったり，それらの施設や文化財などを積極的に活用したりするようにすること」とされている。

　また，高等学校では上述の「（5）音楽」や書道，工芸を含めた「芸術」教科として，「各科目の特質を踏まえ，学校や地域の実態に応じて，文化施設，社会教育施設，地域の文化財等の活用を図ったり，地域の人材の協力を求め

たりすること」とされ，社会教育施設としての博物館利用が求められている。また専門教育の教科「美術」には13科目あり，「各科目の特質を踏まえ，学校や地域の実態に応じて，美術館や博物館と連携を図ったり，地域の文化財の活用や人材の協力を求めたりすること」としている。美術の分野では，狭義での「博物館」に加え「美術館」を特記しているのが特徴的である。

　美術作品に限らないが，美術の特質から実物作品を鑑賞することは，そのよさや美しさを判断する審美眼を養う体験となり，価値がある。博物館や美術館ではデジタル資料も普及し，情報科学的サービスもこれからの時代には重要であるが，実物資料を活かしたサービス提供に努めたい。

（7）特別の教科　道徳

　小学校では2018（平成30）年度より，中学校では2019（平成31）年度より実施している教科である。道徳教育の実施において，家庭のみならず地域の人々をはじめとした外部人材との協力を得る方法が提案されている。「道徳科の授業を公開したり，授業の実施や地域教材の開発や活用などに家庭や地域の人々，各分野の専門家等の積極的な参加や協力を得たりするなど，家庭や地域社会との共通理解を深め，相互の連携を図ること」。また，教材について「生徒の発達の段階や特性，地域の実情等を考慮し，多様な教材の活用に努めること。特に，生命の尊厳，社会参画，自然，伝統と文化，先人の伝記，スポーツ，情報化への対応等の現代的な課題などを題材とし，生徒が問題意識をもって多面的・多角的に考えたり，感動を覚えたりするような充実した教材の開発や活用を行うこと」とある。道徳の教育内容には，博物館の得意とする自然，伝統，文化等の分野が存在する。また情報モラル教育も必要とされているため，資料を扱う機関として専門的にアプローチできる要素が多分にある。

　なお，高等学校ではこの教科は設定されていない。道徳にあたる教育，つまり人間としての在り方や生き方に関する内容の教育は，「公民」や「特別活動」のホームルーム活動などを中心とし，学校の教育活動全体を通じて行うこととされている。

（8）総合的な学習の時間

　総合的な学習の時間は，各教科とは別に設けられている学習時間であり，探究的な見方・考え方を働かせ，横断的・総合的な学習を行うことを通して，よりよく課題を解決し，自己の生き方を考えていくための資質・能力を身につけることを目標としている。また，教科横断的な学習や探究的な学習の時間の充実を図ることが目指され，STEAM教育に取り組むことも期待されている。探究的な学習の四つのプロセスには，課題の設定，情報の収集，整理・分析，まとめ・表現がある。このプロセスの実現においても博物館は専門的にアプローチしていくことができる。

　小・中学校の総合的な学習の時間では，「自然体験やボランティア活動などの社会体験，ものづくり，生産活動などの体験活動，観察・実験，見学や調査，発表や討論などの学習活動を積極的」に行っている。また，学習形態は，グループ学習や異年齢集団による学習など多様であり，学外，特に地域の人の協力を得ながら，学年単位で実施されるなど学校や学年によって多様な活動が見られる。こういった活動では「学校図書館の活用，他の学校との連携，公民館，図書館，博物館等の社会教育施設や社会教育関係団体等の各種団体との連携，地域の教材や学習環境の積極的な活用などの工夫を行うこと」が求められている。

　高等学校では，「総合的な探求の時間」と称される。小学校，中学校と同様に探究活動の時間であり，生徒自らが自己の在り方や生き方を考えながら課題設定し，それを解決していくことを目指す活動である。そういった活動を助ける手立てとして，「学校図書館の活用，他の学校との連携，公民館，図書館，博物館等の社会教育施設や社会教育関係団体等の各種団体との連携，地域の教材や学習環境の積極的な活用などの工夫を行うこと」とされている。教科の記述と異なり，「社会教育施設」の具体例を挙げている点が特徴的である。

（9）特別活動

　特別活動は，学級活動（高等学校はホームルーム活動），児童会活動・生徒会活動，クラブ活動（小学校のみ）および学校行事から構成されている。そ

れぞれの集団活動を通して，「人間関係形成」「社会参画」「自己実現」の視点が重要視されている。

　小学校では「各学校においては特別活動の全体計画や各活動及び学校行事の年間指導計画を作成すること。その際，学校の創意工夫を生かし，学級や学校，地域の実態，児童の発達の段階などを考慮するとともに，第2に示す内容相互及び各教科，道徳科，外国語活動，総合的な学習の時間などの指導との関連を図り，児童による自主的，実践的な活動が助長されるようにすること。また，家庭や地域の人々との連携，社会教育施設等の活用などを工夫すること」とされている。

　中学校では，「各学校においては特別活動の全体計画や各活動及び学校行事の年間指導計画を作成すること。その際，学校の創意工夫を生かし，学級や学校，地域の実態，生徒の発達の段階などを考慮するとともに，第2（中学校学習指導要領〔平成29年告示〕162p）に示す内容相互及び各教科，道徳科，総合的な学習の時間などの指導との関連を図り，生徒による自主的，実践的な活動が助長されるようにすること。また，家庭や地域の人々との連携，社会教育施設等の活用などを工夫すること」とされている。

　高等学校では，「家庭や地域の人々との連携，社会教育施設等の活用などを工夫」し，さらに「体験的な活動や就業体験活動などの勤労に関わる体験的な活動の機会をできるだけ取り入れ」，集団や社会の形成者として協働したり問題解決したりすることが求められる。

　特別活動における社会教育施設の利用は，教科との関わりとは異なり，資料の提供というよりも社会の中で博物館がどのような役割を果たしているかを体験する点にある。

　このように小学校，中学校，高等学校の学習指導要領をみていくと，博物館は，学校において多面的・多方面に展開される学習活動のなかでも特に体験的な活動にアプローチしていくと効果的であり，かつ学校から必要とされていることがわかる。

　学校教育において重要なのは，資料そのものを学ぶことではない。あくまでも資料は教材であり，資料を通して各教科の内容を学習するのが学校教育

である。そのため，博物館は，資料の提供をするだけではなく，資料を通して何ができるかの提案をしていくことも連携活動の要点となる。

「～の実態に応じて」という文言にも注意を向けたい。各学校は，様々な環境の中にある。学校の近くに博物館があり，さらに利用しやすい環境にあるのが理想的であるが，現実には難しい。そのため，学習指導要領では，「実態に応じて」という言葉を用い，利用したりさらには連携したりする負担感を軽減している。じつは学習指導要領が公的に施行された1958（昭和33）年の時点で，博物館，美術館の利用について明記されている。それにもかかわらず，近年になり，ようやく実現化が増加していったのは，学校にも博物館にも実現しにくい問題があったためであろう。

博物館の活用に積極的な教員や学校であれば，利用や連携の実現が可能であるが，そういった教員や学校ばかりではない。活用したいけれどもどうしてよいかわからない，どのようなサービスがあるのかわからない，といった理由から活用しきれていない場合もよく耳にする。また，近くに博物館自体がなくて活用できない，引率して来館することが難しいといった困難さが各教員単位ではなく，学校単位で実際に利用したくてもできない理由につながっている。学校では，校内で協力が得られなければ，特に学外に出て授業や活動を行うことは至極困難であるといっても言い過ぎではない。一教員の熱意や校長の鶴の一声だけではどうにもならないのが現状である。

しかし，社会状況も学習内容も変化し，特にいろいろな施設や人との関わりの中で学校運営が求められる近年においては，博物館側からこういった学校側の問題を別の視点でとらえれば，博物館活用が困難な学校にどのような教育サービスを提供できるかを考え，実行するチャンスが博物館にはある。

博物館は，近隣の学校がよりよい学習活動を行うために活用するだけでなく，部活動や自然体験，修学旅行，キャリア教育等の教科外活動でも活用されている。そして，再三になるが，家庭，地域との連携がこれまで以上に必要となってきている。また，新型コロナウィルス感染症（COVID-19）により，学校の学習環境も大きく変わり，何を，どのように，なぜ学ぶかが問われている。そのため，社会全体で子どもたちにとって学習がどのようなものであるべきかを考えていく時代でもある。

第2節　博学連携の試み―多摩六都科学館について

　前節では学習指導要領に記載された博物館を活用した教科学習について説明したが，学校は博物館と具体的にどのように連携していけばよいのであろうか。ここでは，西東京市にある多摩六都科学館の事例をとりあげながら，博学連携のあり方を考えてみたい。

　多摩六都科学館は小平市，東村山市，清瀬市，東久留米市，西東京市の五市が管理運営する総合科学館である。この科学館は小平市，東村山市，田無市，保谷市，清瀬市，東久留米市の6市の行政区域を超えた「多摩北部都市広域行政圏協議会（愛称：多摩六都）」の取り組みにより1994（平成6）年に設置された。（2001〔平成13〕年に田無市と保谷市が合併して西東京市になったため現在は5市）この科学館の運営資金総額の85％以上をこれらの自治体の分担金に依っている。ミッションとしては，「多様な学びの場の創出」と「地域づくり」を挙げており，地域と深く連携した科学館になることを目指している。

　多摩六都科学館には「チャレンジの部屋」「からだの部屋」「しくみの部屋」「自然の部屋」「地球の部屋」とプラネタリウムがある。この五つの展示室とプラネタリウムを活用して，理科教育を軸とする博学連携プログラムを実施している。「チャレンジの部屋」では光や元素の性質，重力など物理学関係の展示がある。地球での重さ1キログラムを月や他の惑星で持ったときの重さを体験する表面重力装置やボールを使った遊びを通して，動きの法則性を学ぶ「ボールレース」や「パラボラゴルフ」という体験展示物がある。「からだの部屋」では身体機能や感覚を体験しながら学ぶスペースになっている。「しくみの部屋」では，機械の動き方や電気やガスが供給される仕組みを学ぶことができる。「自然の部屋」は地域の自然を学ぶ展示スペースになっている。昆虫標本や武蔵野の雑木林のジオラマのほか，北多摩地域に生息する魚の生体展示がある。「地球の部屋」では700万分の1の大型地球儀を中心としながら，地球の構造が分かるようになっている。化石や岩石の展示，地震のメカニズム，北極と南極の説明がある。地球の構造に関するマクロ的

な展示や解説ばかりでなく，武蔵野台地の立体地形模型や関東ローム層の模型もあり，地域と密着した展示となっている。このように多摩六都科学館では物理学から自然科学まで幅広い展示があるため，多様な学習内容に適応した博学連携活動を展開することができる。

多摩六都科学館ガイド
学習利用の手引き
（資料提供：多摩六都科学館）

　学校側が博物館のどの展示内容に合わせた教育プログラムを構成するかは学校の教員の裁量に任されるが，多摩六都科学館側でも「多摩六都科学館ガイド―学習利用の手引き―」を発行してモデルとなる教育プログラムを提示するなど博学連携に積極的である。特に，多摩六都科学館の運営主体である小平市，東村山市，清瀬市，東久留米市，西東京市の5市の小学校との博学連携には積極的で，この地域の小学校には，30分から1時間程の時間を要する四つの特別な教育プログラムを提供している。それは多摩六都科学館が主催する「電気の働きについて考えよう」「プログラミングを体験しよう」「地域の自然に目を向けよう」「空気の性質をたしかめよう」である。公立博物館の場合，地域社会にいかに利益還元を行うかが求められるが，多摩六都科学館はこの使命を十分に果たしているといえよう。

第3節　博学連携のマネージメント

　博学連携活動を円滑に行うにはマネージメントが欠かせない。博学連携活動を行ううえでのマネージメントとしては，（1）広報（2）スケジュール調整（3）リスク管理（4）経費等が挙げられる。

（1）広報
　博学連携活動が学習指導要領で推奨されている影響もあり，多くの博物館

が博学連携活動に関する広報活動をウェブページや冊子媒体を通して行っている。国立科学博物館のように「教員のための博物館の日」を設けている博物館もある。

　博学連携活動の広報をする場合，一般的に学校教員は多忙なため，広報の文章は要点を纏め，長文や専門的な解説は避けた方がよいかもしれない。また，カラー刷りの写真やイラストが多い方がよい。広報には博物館が実施している教育プログラムの概要のほか，博物館の基本情報（住所，電話番号，ウェブサイトの URL，地図，博物館への交通案内，経費負担の有無）と簡単な博物館の紹介が必要であろう。博物館側が校長会などにはたらきかけて，博学連携活動を促すこともある。

（2）博物館利用事前予約制度とスケジュール調整

　展示室の規模という点においても，博物館スタッフの対応という点においても，博物館の収容能力を上回る児童，生徒を受け入れることはできないし，危険である。そのため，一定人数以上の博学連携活動を行う場合には博物館事前予約とスケジュール調整が前提となる。学校が博物館側に利用希望日，時間等の申請をするには電話やメールを用いてもよいが，博物館側で博物館利用申込書のフォームをつくっておくと，学校からの利用申請に関する情報を一元的に管理できて便利である。

　博物館利用申込書には学校名，引率責任者（学校教員等），対象学年，利用人数，利用希望時間等を記入してもらい，これを基にして博物館側はスケジュール調整を行う。博物館訪問希望日，時間が複数の学校利用や団体見学と重なることもあるので，利用申込書には第一希望から第三希望まで書いてもらい，調整した方がよい。また，博物館を利用するにあたり，学校側に気になることがある場合は，その点も記述してもらう。可能ならば学校教員側の事前訪問があることが望ましい。

　博物館側で受け入れ可能時間が決まったらメールか書簡を送付して必ず記録に残すこと。電話等を用いた口頭連絡では相互に誤解が生じることがあるし，記録にのこらないため，トラブルが生じる可能性がある。学校側に経費負担がある場合はその点も明記する。

(3) リスク管理

　博学連携活動を行ううえで，想定されるリスクを考慮し，対策をしておくことが重要である。欧米の博物館のなかには博学連携活動におけるリスク対策をウェブページ等で公開している館も少なくない。

　博学連携活動において，まず想定されるリスクは児童，生徒の転倒等の怪我や体調不良，過失等における展示作品の破損などが挙げられる。この対策としては事前指導の徹底のほか，博物館訪問における児童，生徒と成人の引率者の比率を適切にすることが挙げられよう。英国，ロンドン博物館では，未就学児3名の博物館見学に対して監督の成人1名，Key Stage 1（5歳から7歳まで）および Key Stage 2（7歳から11歳まで）の段階では子ども6名に監督の成人1名，Key Stage 3（11歳から14歳まで）の段階では生徒10名に監督の成人1名が望ましいと推奨している。日本でこの基準がそのままあてはまるわけではないが，事件，事故を想定して少数の学校教員で大人数の児童，生徒の引率をすることは避けるべきであろう。リスク管理として保険に加入することも重要である。学校教員が博学連携にあたり，博物館の下見を行う場合は避難経路の確認等を行うことも怠るべきではない。

(4) 経費

　博学連携活動を行う場合の経費の分担をどのようにするか考える必要がある。前述した多摩六都科学館の博学連携では学校側の予算を使用して実施される場合が多いようであるが，博物館側で教育活動用の予算を組み，その予算を充てる場合もある。博学連携活動の参加者が経費を自己負担する場合や外部資金等を利用して博学連携活動を行う可能性も考えられる。

第4節　学校教育を目的とした企画展

　博物館は学校の学習内容に合った企画展を開催して，学校教育に貢献することができる。博物館で学校での教育目的に則した企画展を開催することにより，学校の児童，生徒は座学だけなく，実物資料に触れる機会を得ること

ができる。また，展示の一環として博物館が制作した解説シートやワークシートに取り組んで学びを深めることもできる。ここでは，学校教育活動を目的とした展示を定期的に開催している公立博物館の取り組みとして，岩手県北上市立博物館の事例を報告したい。

　北上市立博物館は学校の教育活動の一環として，博物館を利用してもらうには何が必要なのかを考える資料として，市内の小学校教員に対してアンケート調査を行った。その結果，学校側は博物館に「教科書の内容に沿った展示や講座」や「小学生向けの解説」を求めていることが分かった。また，視覚を通した展示だけでなく体験型展示を期待する意見もよせられた。

　こうしたアンケートの結果を受けて，北上市立博物館は2018（平成30）年から，小学校3年生社会科の学習内容に対応した企画展を開催するようになった。同年には6月2日から9月30日の会期で，人々の暮らしで使われた「衣・食・住」の生活用品を中心とした「昔の道具とくらし展」を開催した。小学校3年生の社会科では昔の道具や暮らしを学ぶことから，この学習内容に合った企画展を開催したのである[2]。

　2020（令和2）年には8月22日から10月25日の会期で「ちょっと昔の北上市」が開かれた。この展覧会は大正から昭和にかけて北上市で使われていた日用品を集めて展示したもので，大正末期から昭和50年代にかけての扇風機，ダイヤル式黒電話，木製冷蔵庫，手回し式の絞り器が付いた電気洗濯機，白黒テレビ，任天堂の家庭用ゲーム機ファミリーコンピュータなど生活で使う日用品を中心に約80点が展示された。この企画展にあわせて，小学生向けのワークシート「くらべる年表シート」が制作された。こうした企画展は学校と博物館の連携した教育活動を主たる目的にしているが，年配の来館者にとっては自分の生活

「ちょっと昔の北上市」展示風景
（写真提供：北上市立博物館）

で実際に使用した生活の品に再会した懐かしさもあったようである。

このように小学校の社会科教育に対応した企画展は北上市以外の博物館でも取り組まれている。例えば東京都東村山ふるさと歴史館では，2021（令和3）年1月8日から3月7日までの会期で「小学校社会科見学対応展示 むかしの暮らしと道具」展が開催された。この企画展も北上市立博物館の企画展と同じように大正期頃から平成頃までの東村山市の日用品を中心とした展示を行っている。こうした学校教育活動を目的とした企画展の開催は学校と博物館の連携を深める活動として注目されており，今後の発展が期待できる。

第5節　学校で行われる博学連携活動

博物館を利用した学校教育活動の方法の一つに学芸員や博物館スタッフに資料と共に学校に来てもらい授業を実践してもらう方法がある。出張授業とも呼ばれるこの方法は，児童，生徒が博物館を訪問することなく，博物館と連携した学びを行うことができるため，時間的にも費用面においても，学校側のスケジュール管理や児童，生徒の安全性の確保という点においてメリットが大きい。

出張授業はウェビナー（Webinar インターネットを用いて行う遠隔事業＝オンラインセミナーともいう）と異なり，学芸員や博物館スタッフが実物資料等を学校に持参して授業を行う。学校において出張授業を円滑に行うためにはスケジューリングや経費負担，授業日当日のマネージメント等が欠かせない。ここでは出張授業の一つの事例として，北海道の「出張アート教室」と玉川学園小学校6年生を対象とした事例を説明する。

「出張アート教室」とは北海道教育委員会が主導するアートプロジェクトで，道立美術館等の所蔵作品を主に美術品専用車で輸送し，美術館の学芸員が学校で授業を行う活動のことである。北海道立美術館（北海道立近代美術館，北海道立三岸好太郎美術館，北海道立旭川美術館，北海道立函館美術館，北海道立帯広美術館，北海道立釧路芸術館）で実施されており，それぞれの美術館の行政的管轄区域の学校（小学校，中学校，高等学校，特別支援学校など）の児童，

生徒に美術作品をみせながら，分かりやすく鑑賞の手ほどきを行なっている。輸送料，作品保険料などの活動における諸経費も北海道教育委員会が負担する。学校はパソコン，プロジェクター，スクリーンなど授業に必要な機材と会場設営等の準備が求められることはあるが，経費負担は基本的にはない。「出張アート教室」の実施を希望する学校は市町村教育委員会を通して，北海道教育委員会に規定の期日までに申請する。実施の申請が認められると，美術館が提供するプログラムの中から実施校が選んだものを中心にして，美術館の学芸員が実施校の担当教員と事前打ち合わせを数回行い，プログラムを実施校に合わせてアレンジするなどして，授業実施の準備を行う。授業で使用する美術作品は，その過程で決定し美術館が用意する。学校の授業内容や，前後の授業での学習内容と結びつくような内容にすることもある。

　道立函館美術館の事例でいえば「出張アート教室」は都市部から離れた学校や都市部にあっても実際に教育活動の一環として美術館を訪問することが難しい学校からのニーズもある。この活動に関わっている函館美術館の学芸員，柳沢弥生氏はこの活動の意義を以下のように話している。「小規模校では，少ない人数を相手にすることが多いです。そのため，生徒同士で，あるいは学芸員と生徒で対話が自然と生まれ，結果的に生徒が積極的に美術作品の鑑賞をしたという手ごたえを感じます。交通事情により居住地から離れて都市部に出ることの難しい子どもにとって，『出張アート教室』は本物の作品や美術館とつながる貴重な体験になります。1回きりの授業ですが生徒たちのその後の文化的な生活につながってほしいと願いながら授業展開を行っています」。

　「出張アート教室」のような出張授業は博物館の外で行われる活動の一つであるが，ウェビナーや複製資料を活用した博学連携活動と異なり実物資料を活用するという点に意味がある。また，現職の美術館学芸員が少人数の学校や美術館から離れた学校に行って授業を展開することで，それらの学校で学ぶ児童，生徒に豊かで質の高い教育体験を与えることができる。

　玉川学園では小学校6年生の社会科の授業で，玉川大学の大学博物館である玉川大学教育博物館と連携した教育活動が行われている。玉川学園は幼稚部から大学まである総合学園である。そのため玉川学園には幼稚園，小学校，

中学校，高等学校および大学に加えて，玉川大学教育博物館がある。玉川大学教育博物館は日本教育史関係資料を中心とした資料を収集していることから，小学校6年生の社会科の授業と連携し，共同で授業を行っている。

　その一つのとして教育博物館が所蔵している明治初期の小学校教科書を用いて明治維新の実像に迫る教育プログラムを小学校6年生の教室で実施している。この授業は文部科学省「小学校学習指導要領解説 社会編」（平成29年7月）の具体的な指導項目，「黒船の来航，廃藩置県や四民平等などの改革，文明開化などを手掛かりに，我が国が明治維新を機に欧米の文化を取り入れつつ近代化を進めたことを理解すること」の学習目的に応じている。なかでも，「文明開化」に焦点をあてた学習活動になっている。

　学習活動では児童に明治初期の小学校教科書に触れてもらうことで，明治初期とはどのような社会であったのかをイメージさせ，それを発表してもらうことを目的としている。実際の社会はすべての事象が急激に変化するものではなく江戸から明治に変わったとしても人々の生活や文化のなかには江戸期からの連続的な面もある。学習指導要領の指針を過度に意識した学習の場合，あるいは教科書や資料集における「明治維新」の説明に依拠しただけの授業では，江戸期と明治期の時代の特徴の非連続性を強調しすぎるため，児童に時代感覚の錯覚を抱かせてしまう場合がある。しかし，今回の活動で用いた明治初期の教科書は，内容は西洋諸国に関する記述でありつつも，江戸期に出版された和装本のように和紙に木版で刷られているため，児童はハンズオン体験を通して歴史の連続性と非連続性の両方を理解することができる。

　この共同授業は学校教員と博物館学芸員が共同で開発した。授業案の作成にあたり，教育博物館の所蔵資料をふまえながら，小学校6年生の社会科の授業で両者の連携活動が可能な教育プログラムは何かを考え，両者で意見交換を行った。また，授業の実施にあたり，事前に博物館学芸員が学校教員に明治初期の教科書の紹介と専門的な知識の提供を行った。その後，学校教員側がこの授業で用いる教材を作成すると共に，学校教員と博物館学芸員が共同で学習指導案を作成した。

　授業の実質的な授業時間は50分で，導入を10分，展開（明治初期教科書のハンズオン体験）を25分，まとめを15分に区切った。授業は主として学芸員

が担当し，学校教員はサポートにまわった。導入部分では，まず児童とのディスカッションから始めた。「江戸時代から明治時代になって何が変わりましたか？　あるいは何が変わりませんでしたか」という質問を行い，児童の回答をもとに話を盛り上げた。導入における教育活動の意義は児童にこれから行うハンズオン体験の学習の意味を伝えることにあるため，極力，児童に話をさせて教員の説明は最小限にするように心がけた。

次の展開部分では明治初期につくられたハンズオン体験を行った。ハンズオン体験を始め

明治初期教科書

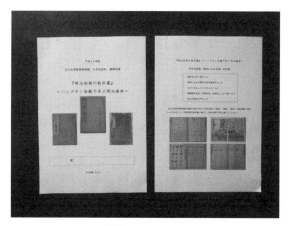

授業のワークシート

るにあたり，資料を取り扱ううえでの諸注意を児童に伝えた後に，教員側の用意した教材に印刷された二つの質問「明治時代初期の教科書に触れてみてどのようなことを発見したか」「江戸時代から明治時代になって何がどう変わったか」を自分の言葉でしっかり表現するように伝えた。また，ハンズオンを行うにあたり，ただ漠然と昔の書物に触れるのではなく，形状，内容，手に持った感覚などあらゆる観点から資料の探究を行い，資料を通して発見

したことを記録するように指示
した。

まとめの部分では複数の児童
に教材についてのコメントを発
表してもらい，そのコメントを
もとに明治初期とはどのような
時代であったか考えた。明治初
期の教科書が木版であることを
コメントした児童がいたことか
ら，明治期にも江戸時代の木版
技術が使われるなど江戸文化の
流れが受け継がれていることを
説明した。最後に明治30年代の
国定教科書を児童にみせて，現
在，流通しているような書籍
（洋紙を用いた書物）が教科書と
して使われるようになったのは
明治中期以降のことであると解
説して授業を終えた。授業終了

明治初期教科書を用いた学習体験

実際に明治期の教科書を閲覧する

後，学校教員と博物館スタッフは授業活動のふりかえりを行った。

このような博物館を利用した体験型の学習を行ううえで重要な点は学習の
目的を明確することである。明確な学習目標がないとハンズオン体験にしろ，
他の体験にしろ，単に活動をしただけで終わってしまい，学習効果が期待で
きない。学習の目的を考えるうえで重要な点は児童が十分に活動の意義を咀
嚼できるように目的をしぼりこむことである。また，ハンズオン体験等博物
館での学習は時間不足になりやすいので，時間配分には注意を要し，導入部
分の時間を長くとりすぎないように気をつけるべきであろう。

第6節　博学連携の問題点

　「博学連携」を実施する場合には克服しなくてはならない問題も多い。ここでは，予想される「博学連携」の問題点について考える。

　まず，学校側の問題が挙げられる。博物館を活用した学習活動を効果的に行うためには学校の特性や児童，生徒の実態に適したものであることが重要で，教員が積極的に博物館教育活動に関わる必要があることは前述したが，実際のところ，授業活動や生徒指導に多忙であり時間的にも精神的にも余裕がない教員が少なくない。学事日程との関係で，学校と博物館との日程調整が難しいこともある。また，場合によっては入場料の購入やバスの手配などの経費の負担が難しい学校もある。

　教員の資質の面でも問題がある。博物館を利用した効果的な学習活動を行うためには，学習指導要領の指針に依拠しながら効果的な学習プログラムを組んでいく必要がある。教員側に博物館を活用した授業や課外活動を行う意思があったにしても，教員が博物館を教育活動の場として，積極的に利用することを知らなければ効果的な活動ができない場合がある。もちろん，国立科学博物館で「教員のための博物館の日」を設けているように多くの博物館では教員のために博物館の利活用のノウハウを伝える活動をしているものの，博学連携の基盤はまだ安定したものとはいえない。

　学校側の対応が十分でない場合，博学連携の活動も2000（平成12）年から段階的に開始された「総合的な学習の時間」と同じような経過をたどることになるかもしれない。2000（平成12）年から段階的に行われた「総合的な学習の時間」は「生きる力」の醸成を目的とした知識社会に合った教科横断型の学習として高い期待がよせられていた。しかし，こうした理念的な期待とは裏腹にこうした新しい学習活動に十分に対応する余裕のない学校も少なくなく，また「総合的な学習の時間」が学力低下につながるとの批判もあったことから，授業時間数は削減されてしまった。博学連携の試みも「総合的な学習の時間」に似た教科横断型の特徴を有することに加え，教員や学校関係者に負担となる面もあるため，学校および博物館ともに体系的な取り組みを

していかなければ，十分な学習効果を挙げられない可能性が危惧される。

　次に博物館側から博学連携の問題点を考える。この問題を考えるうえで，まずおさえるべきことは博物館といっても，多様な館があり，館の特性にも違いがあるため，博学連携に関する取り組み方にも館ごとに差がある。最近は，全体的に博学連携に積極的な館が増えているが，博物館教育活動の推進よりも所蔵資料の保存や管理にウェイトを置く館もあれば，博学連携に前向きな館でも学習指導要領に束縛されることなく，教育的意義あると考えるテーマを掲げて学校と連携することを目指している館もある。また，企画展やイベント等博物館側のスケジュール調整においても，博物館側が必ずしも学校の要望に応じられない場合もある。つまり，博物館の特性を考慮した場合に，博学連携に適さない館が存在することを理解する必要がある。

　また，博学連携を行ううえで理想的とはいえない博物館側の環境もある。最近は博物館教育活動担当の専門員を配置する博物館も増えてきているが，いまだに多くの館では学芸員が教育活動を含むすべての学芸活動を行っているケースが少なくない。また，教育普及員が配置されている場合も常勤の教育普及員は1名という場合や非常勤スタッフがその役割を担っているケースも少なくない。これまで述べてきたように教科連携等の本格的な博学連携プログラムの構築は手間のかかるものであり，博物館の教育活動部門への人的，予算的措置が十分でなければ，満足のいく活動を企画，実践することは難しいであろう。また，博学連携活動を含む博物館教育活動担当者の評価制度が十分に整備されていなければ，教育普及事業の活性化や事業の継続性は難しい。

　学習者である児童，生徒の観点からも博学連携活動の問題を考えたい。我が国において，博学連携活動を含む児童，生徒の主体的学習活動を阻む大きな要因として受験制度がある。我が国では注入型の学習成果が大きく影響する入学試験が存在しているため，暗記中心の学習という発想からぬけきれていない面があり，従って，博物館等を活用した学習者主体の学習に適した教育環境が存在しているとはいえない。推薦入試やAO入試制度の拡充等により，入試制度も弾力化しているものの，より柔軟な教育環境が構築されなければ，博学連携活動のような学習者主体の学習活動の浸透は難しいであろう。

さらに2020（令和 2 ）年より生じた新型コロナウィルス感染症（COVID-19）のパンデミックは博物館のあり方を変えた。接触感染や飛沫感染のリスクを防ぐ目的で資料のハンズオン体験や対話型の鑑賞教育も中止あるいは制限を受けることになった。2020（令和 2 ）年は児童，生徒の博物館訪問を取りやめてしまった学校も多い。しかしながら，その一方で，博物館はオンライン等を用いて様々な活動もしており，遠隔教育の一環として博学連携活動が推進されることが期待できる。

　以上，博学連携の問題を学校側，博物館側，学習者側から挙げ，最後に新型コロナウィルス感染症の流行が博学連携活動に与える影響について触れた。博学連携の推進を阻む様々な問題のなかには教育政策の根幹に関わるものもあり，個人レベルでは解決できないものも多い。しかし，我が国には多種多様な構造的な問題が存在することを理解し，こうした問題をどのように解決していけばよいか考えてもらいたい。

学習課題　(1)　博物館のホームページを見たり，実際に訪問したりして，どのような学校教育へのサービスを行っているか調べてまとめましょう。

　　　　　　(2)　効果的な学校への支援プログラムを考え，実践するうえでの問題点を想定してまとめましょう。

　　　　　　(3)　地域の博物館を1，2館調べて，その博物館が地域の教育環境の向上にどのように貢献しているか調べましょう。

　　　　　　(4)　博学連携活動を実施するうえでのマネージメントとして，本書では①広報②スケジュール調整③リスク管理④経費を挙げましたが，このほかに重要な点はないか考えましょう。

　　　　　　(5)　学校教育において，博物館の利用した学習活動を行う意義はどこにあるか考えましょう。

　　　　　　(6)　博物館教育を実践するうえでの問題点を考えましょう。

参考文献　・阿部友実「企画展『昔の道具とくらし展』を終えて『北上市立博物館博物館便り』第40号，2019年

- 文部科学省『小学校学習指導要領（平成29年告示）』東洋館出版社，2018年
- 文部科学省『中学校学習指導要領（平成29年告示）』東山書房，2018年
- 文部科学省『高等学校学習指導要領（平成30年告示）』東山書房，2019年

註 1) 高等学校の場合，各学校により教育課程のことなった学科が設置されており，多くの場合，普通教育と専門教育とのどちらかに分かれる。普通教育と専門教育の内容を選択履修する総合学科もある。普通教育の場合，共通して履修する教科は国語，地理歴史，公民，数学，理科，保健体育，芸術，外国語，家庭，情報，理数である。専門学科では，各専門の内容によって，履修教科が異なる。教科は，農業，工業，商業，水産，家庭，看護，情報，福祉，理数，体育，音楽，美術，英語である。また，教科の中に，さらに科目がある。たとえば，普通教育の地理歴史では，地理総合，地理探求，歴史総合，日本史探究，世界史探究の5科目がある。
2) 阿部友実「企画展『昔の道具とくらし展』を終えて」『北上市立博物館 博物館だより』第40号 2019年3月 4-5頁。

第 8 章 | 大学と博物館教育

　大学は「知それ自体」を探求することを目的としたアカデミックな機関として活動を行い，その目的のもとで大学博物館も設立されてきた。しかしながら，大学ユニバーサル化時代を受け大学が変容を迫られると，大学博物館の意義と役割も変化する。今日の大学博物館は大学の知の形成を支える資料庫としての役割のみならず，大学ユニバーサル化時代に入学した学生対応や社会に開かれた博物館になることが求められている。

キーワード | 大学のユニバーサル化　アクティブ・ラーニング　博物館と
初年次教育　学部の教育活動との連携　社会に開かれた大学

第1節　大学と博物館教育

　本章では大学と博物館教育について考える。大学と博物館は使命と役割が類似している。大学は主として研究や教育活動を行い，博物館は資料の収集や調査研究活動を行うが，両機関とも知の探求を主たる目的としている。歴史的にみても，大学も博物館も社会にあまり開かれることなく知の探求や資料の保存を主たる目的として活動してきた。例えば，オクスフォード大学とケンブリッジ大学はかつて入学者を英国国教徒だけに制限し，大学拡張を考慮せずに活動を行える恵まれた環境にあった。加えて，両大学は英国議会に代表をおくる権利まで保有していた。第3章「博物館教育の歴史的展開」（西洋）で明らかにしたように，博物館もはじめは社会に開かれた施設では

なかった。こうした両者のもつ恵まれた特権はしだいに剥奪されていったが，大学および博物館の特別の地位は長年にわたり認知されていた。

大学は大学の貴重な資料を収集，保管する場として大学博物館を設立している。例えば，

アシュモレアン・ミュージアム外観

オクスフォード大学のアシュモレアン・ミュージアム（The Ashmolean Museum of Art and Archaeology）は天文学者，政治家エリアス・アシュモール（Elias Ashmole, 1617-1692）および親子共に自然科学者であったジョン・トラデスカント父子（John Tradescant the elder c.1570-1638, John Tradescant the younger, 1608-1662）の個人コレクションを所有，管理する場として1683年に創設された博物館である。こうしたコレクションの維持，管理，調査研究等は莫大な手間とコストが生じるものであるが，大学は知を探求する場としての使命と責任から，大学博物館を設立し，その責任を果たしてきた。

しかしながら，今日の大学博物館は，これらの役割に加えて，新たな役割が求められるようになった。今世紀に入り，大学の位置づけは大きく変わった。大学はもはや知の探究を行えばよい「象牙の塔」ではなく，自らの教育資産（大学博物館の所蔵する資料も含む）や学術成果を学生や社会に積極的に還元するように求められるようになった。その一環として大学博物館も大学の資料を安全に保存するだけではなく，大学で開講されている授業との連携や地域社会に向けた企画展の開催など教育的な役割が期待されるようになった。この背景にはグローバル化と情報通信社会の進展により知識社会が加速したことに加え，大学進学率が50%を超え，アメリカの教育学者，マーチン・トロウ（Martin Trow 1926-2007）の言葉を借りるならば大学が「ユニバーサル化の段階」に達したことがある。マーチン・トロウは高等教育の在学者

が該当年齢人口の15%の時をエリート段階，15〜50%の時をマス段階，50%以上になればユニバーサル段階と呼び，大学の教育観や経営方針等がそれぞれの段階によって変化すると論じた。そして，ユニバーサル段階になると，大学は全国民を対象にした教育を考慮するようになると述べた。その具体例として，トロウは大学が生涯学習制度への取り組みの充実化，コンピュータなどの教育工学の開発，教育的経験を通した付加価値の形成，財政面等における大学管理体制の改革などに取り組むようになると言っている。

　トロウの予見が今日の大学の実情にそのまま反映されたとは言い難いが，大学進学率50%をこえると，我が国でもトロウが唱えたように大学のあり方に変化が生じた。大学の教育手法の改革において，特に強調されているのが学生の主体的かつ能動的学修[1]である。2012（平成24）年に中央教育審議会より出された「新たな未来を築くための 大学教育の質的転換に向けて〜生涯学び続け，主体的に考える力を育成する大学〜」のなかには，「従来の教育とは質の異なるこのような学修のためには，学生に授業のための事前の準備（資料の下調べや読書，思考，学生同士のディスカッション，他の専門家とのコミュニケーション等），授業の受講（教員の直接指導，その中での教員と学生，学生同士の対話や意思疎通）や事後の展開（授業内容の確認や理解の深化のための探究等）を促す教育上の工夫……提供が必要である」と書かれており，大学はそれぞれの大学のもつ教育リソースを活かしながら，多くの教育プログラムを組むことを求められた。また，大学がユニバーサル段階に達すると不本意入学生や「学ぶ」能力に欠いている学生が入ってくるようになるため，大学はその対応も迫られる。さらに大学が社会により広く開放され，正規学生以外の人々にも大学のもつ知識や教育資産を還元するように求められる。2018（平成30）年に中央教育審議会より出された「2040年に向けた高等教育のグランドデザイン」では，日本の大学に18歳入学モデルからの脱却をもとめ，リカレント教育として社会人や留学生を対象にした教育体制を構築するように提言している。

　大学博物館もこうした教育環境の変化に順応し，学生の主体的な学びの意欲の醸成と大学の社会開放という二つの目的に応じた活動を行う必要がある。しかしながら，我が国で大学博物館を設置している大学は多いとはいえない。

大学博物館を有する大学であっても，大学博物館を利用した教育活動が充実しているとは言い難いケースもあろう。初等・中等教育課程では，博物館を利用した学習がある程度，浸透しているのに比べて，大学教育活動と博物館の教育連携は十分に進んでいるとはいえない状況である。しかしながら，大学博物館には大学ユニバーサル化時代に応じた教育活動を展開するうえでの潜在性がある。ここでは玉川大学教育博物館の具体的事例をとりあげながら，大学と博物館の教育連携の特徴と問題点について考察する。

第2節　初年次教育としての博物館の活用

　大学がユニバーサル段階に達すると，初年次生のなかには大学の学修の仕方がわからない者や学修に無気力な者が現れる。こうした社会的背景もあり，今日の大学では初年次生に「学修の仕方」を教え，図書館や博物館などの学修の教育リソースを紹介する教育プログラムを充実させている。玉川大学ではこうした教育プログラムは「一年次セミナー101」「一年次セミナー102」の名称で開講されている。

　この科目で学生は「社会人としての自由と責任」「批判的思考方法と論理的解決能力の養成」「大学生としての基本的な読解力，文章力，コミュニケーション能力の養成」「大学4年間の学修戦略」「大学の支援資源の活用方法」を集中的に学ぶ。その一環として，履修生は玉川大学の大学博物館である教育博物館を見学する。

　教育博物館には学内等で発掘された考古資料，近現代の日本教育史関係資料，ロシア・イコン，ギリシア・イコン，17世紀から19世紀までのイタリアのキリスト教絵画，現代美術，ガボン共和国のランバレネに病院を設立し，医療活動を行ったアルベルト・シュヴァイツァー（Albert Schweitzer, 1875-1965）に関する資料と共に，玉川学園の創立者，小原國芳（1887-1977）や玉川学園史等の資料がある。

　「一年次セミナー101」「一年次セミナー102」で，初年次生が教育博物館を見学する授業目的は「大学の教育リソース活用の方法を学ぶ」ことにある。

初年次教育における博物館の活用

しかしながら，履修生はこの直接的な授業目的以外にも博物館で多くのことを学ぶ。例えば，展示室には創立者，小原國芳関係資料や玉川学園の教育に大きな影響を及ぼした大正新教育運動に関する資料や解説パネルがある。学生はこれらの展示を見学することにより，自分が在籍する大学の思想や歴史を学ぶ。

　また，江戸期から太平洋戦争直後の様々な日本教育史関係資料やロシア・イコン，ギリシア・イコン，キリスト教絵画，現代美術などの芸術資料は教育学部や芸術学部の学生たちに実物資料に触れる貴重な機会を与える。

　初年次生が教育博物館に来館したときは，博物館に所属する大学教員が博物館の沿革や所蔵資料の概要，展示見学するうえでのマナー等について，簡単な説明を行う。また，玉川大学が国立科学博物館パートナーシップや国立美術館キャンパスメンバーズの会員（博物館のパートナーシップについての説明は次節にて行う）になっているため，この特典についても説明し，教育博物館以外の他の博物館にも積極的に出かけるように促す。

　「一年次セミナー101」「一年次セミナー102」の科目としての学修到達目標は共通しているが，具体的な指導は学部の教員に任されており，学部の専門性などを考慮した指導が行われている。例えば，教員から事前に配布されたワークシート課題を自力でこなすことを求める学部もあれば，自分の気にいった作品を選んで，その根拠を論理的に説明してレポートにまとめるように指示する学部もある。「教育博物館を観光パンフレットに掲載すると仮定してレポートを書いてみよう」という課題を出しているクラスもあれば，気

にいった展示資料のスケッチを描かせる教員もいる。

　よって実際には博物館スタッフによる解説には，あまり時間をとらないようにして，学生の自由見学時間を多くとるように配慮している。初年次生が「一年次セミナー 101」「一年次セミナー 102」の一環として行った教育博物館訪問によい印象をもつためには博物館側の一方的な情報提供ではなく，初年次生がなるべく主体的に活動する仕掛けをつくることが重要と考えているからである。

第3節　大学と博物館の連携

　大学博物館以外の博物館も大学とパートナーシップ協定を結び大学教育に貢献している。パートナーシップとは博物館が大学等の高等教育機関と結ぶ博物館と大学の連携制度のことである。大学はパートナーシップ会員校として，学生数に応じて一定の年会費を博物館に納める一方で，博物館側は会員校の学生に常設展の無料入館や企画展の割引，博物館教育活動の提供や博物館館務実習の優先受付などのサービスを提供する（サービスの内容は博物館ごとによって異なる）。博物館にとっては入館者や会費納入による収益の確保がみこめ，大学にとっても学生に提携先の博物館を利用する特典を提供出来る。

　具体的な事例を挙げると，国立科学博物館（以下，科学博物館と記述）では2005（平成17）年より「国立科学博物館大学パートナーシップ」を開始している。会員校は学生数に応じた一定の年会費を科学博物館におさめることで加盟校に登録される。パートナーシップに加盟している大学等の学生には，常設展の無料入館や特別展の特別料金による入館の特典が与えられる。また，科学博物館では「サイエンスコミュニケータ養成実践講座」「大学生のための自然史講座」「大学生のための科学技術史講座」などの講座の提供を行っている。このほかにも，会員校の教職員が講義等で科学博物館を利用したときには，博物館のスタッフが展示の概要や展示のみどころ，科学博物館の研究活動等を説明するサービスもある。会員校に在籍する学生が科学博物館で実習を行う場合は実習費の減免措置などもある[2]。

東京国立博物館にはキャンパスメンバーズ制度という名称のもとで，パートナーシップ制度を設けている。会員校の学生には総合文化展の無料入館や博物館研究員による「博物館セミナー」や演習実習を盛り込んだ教育連携事業「博物館学講座」（別途料金が必要）を提供している。

　国立美術館でもキャンパスメンバーズ制度がある。会員校の学生および教職員には常設展の無料，企画展を団体料金で閲覧できる特典がある。

　ここで挙げた事例のほかにも多くの博物館がパートナーシップ制度を設けており，地域の大学をはじめとする高等教育機関の教育活動に貢献している

第4節　学部教育との連携

　大学博物館では，学部との連携により様々な教育活動を行っている。大学では内容はもとより，基礎科目から専門科目まで様々な科目を開設している。特に専門科目では，博物館の所蔵する資料や教育普及担当をはじめとした学芸員の支援を活用し，より充実した教育活動が可能となる。ここでは，玉川大学の教育博物館と同大学の芸術学部とが連携して実施した教職科目の活動を紹介する。芸術学部で開講する美術科の教職科目では，美術教育の制度や実践の歴史を参照しながら，中学校・高等学校における美術科指導の基本的な理念や内容を理解することを目的としている。教職科目であるため，美術教員を志望する学生が受講し，事前課題や授業時のディスカッション，グループワーク等の主体的かつ能動的な学修形態を主軸に展開している。この教育活動のために，教育博物館に所蔵されている明治期から太平洋戦争期までの図画工作の教科書を利用している。

　この連携活動は「受講生が教育博物館の図画工作の教科書を閲覧しながら学ぶことはできるか」という学部の科目担当者の依頼から始まった。教育博物館の対応として，所蔵している該当資料の状態を確認し，教材として提供可能なものを選別する。教育博物館の理想としては，資料の保存の観点から，一般資料とは別に教育活動用としての資料を収集することが望ましい。しかし，現実的にはそこまで設備や予算を含めた環境の整った大学博物館はそう

多くはないであろう。この活動は、見方によっては、貴重な資料が教育教材として活用できる希有な機会といえる。

大学の授業科目の学修目的と関連させた博物館での学びを計画した場合、貴重資料の提供を求められる場合もある。こうした場合、大学博物館が行うべきことは、資

学芸員から資料閲覧の説明を受ける

料の状態を確認し、どのような教育活動を行いたいのか担当教員から聞き取り調査をし、その資料を実際に教育活動用に提供してよいものか判断することである。上述した芸術学部との連携活動の場合でも資料の傷みの状態を含めた状態確認したうえで、状態がよくないものの提供は控えている。

また、どのような教育活動を行いたいのか聞き取り調査をしたうえで、学生にどの段階まで資料の活用を認めるか、実際の活動方法にも考慮する必要がある。例えば、太平洋戦争以前の教科書のなかでも国定教科書[3]のように多くの部数が発行され、同一資料を複数点所蔵しているものは、学生が資料に直に触れる機会をつくりやすい。しかし、1点のみの所蔵であったり希少資料であったりする場合、学生が直接手に取る活動は避け、館の担当者や教員が見せるといった工夫をし、直接手に触れない閲覧にとどめ、資料保存を優先する。

こうした教育活動では資料提供にあたり、資料利用の管理のため、科目担当教員から使用利用申請書を提出してもらい、使用利用許可書を発行している。当日は、資料や活動場所の準備、撤収等、学芸員だけではなく事務担当者にもサポートを依頼する段取りを整える。このような事前のプロセスを得た後に芸術学部開講科目と博物館との連携教育活動が実施される。

この芸術学部との教育連携活動の中心は、明治期から太平洋戦争期までの各時期の図画教科書の閲覧を通した学びにある。科目担当教員の指示のもと、図画教科書を閲覧した受講生たちは、閲覧を通して発見したことをホワイトボードへ自由に記述していく。受講者が多い場合、各自、付箋に書いてから

ホワイトボードへ分類して貼り付ける方法をとる。教員は，それらの学生コメントをもとに，対話型形式を活用し，日本の美術教育の歩みについて話を展開していく。

資料を閲覧し，必要な情報は付箋にメモしていく

科目担当教員と受講生との対話の中で話題になったことがある。たとえば，太平洋戦争期に使用された図画工作の教科書『初等科図画』では，絵画のみならず工作が重視されたこと，図画の教科書の中に「男子用」「女子用」があり，「男子用」は「女子用」よりも厚みがあること，である。受講生たちは，これらの発見から図画で工作が重要視された背景には，大戦により物資増産の観点からモノづくりが必要であったのではないか，という推論を話し合い，当時の社会におけるジェンダーのあり方についても議論を交わした。

単に知識伝達を目的とするならば，実物資料を用いた活動を行わなくても読書や教員の説明を聴くことで事足りる。しかし，博物館教育にとって重要なのは学修者が「何を（What）」ではなく，「どのように（How）」学ぶか，どのような体験をするかにある。特に講義系科目となれば，受講生の体験は重要である。例に挙げたような教職の教科指導法であれば，受講生が実物資料を用いて発見したことは，彼らの記憶に残るであろうし，自分自身が教壇に立った際の指導の参考になる。このように，教育関係資料を扱う大学博物館と教職課程をもつ学部との連携の教育効果は大きい。

博物館と学部とが連携する教育活動の成果の可否は，大学教員と博物館スタッフの相互の信頼と協力体制にある。資料の保全という立場から，博物館スタッフが資料の取扱いについて厳しく指導を行うこともある。また，いかなる活動であれ，資料を活用する場合は，「資料利用申請書」のような所蔵資料を利用する際の文書の取り交わしが必要である。連携対象が同じ大学の所属機関であるにもかかわらず，こうした取り交わしが必要となってくることに煩わしさを感じる教員もいるかもしれない。しかし，博物館は，博物館

法にも示されるとおり，資料保存および次世代への継承という役割があるため，博物館との事務的な取り交わしやスタッフの姿勢は利用者に理解してもらわねばならない。また，博物館スタッフも教員の突然のリクエストや日程調整において難儀することがある。こうした双方の立場から連携そのものが厳しくなることがあるが，相互を理解し敬意をもって話を進め，教育連携活動を行うにはやはり相互信頼が重要となる。

　2020年，2021年は新型コロナウィルス感染症（COVID-19）対策のため，この連携活動は行われなかった。このような状況下であっても実物資料閲覧を通し，受講生が主体となる学修活動が展開できるような取り組みを考えていくには，科目担当者の努力だけでなく博物館との協力が必要である。実物資料を目前にした体験活動の効果は存分に期待できる一方で，近年，太平洋戦争期以前の教科書を含めた過去の教科書は，オンラインでも見られるようになった。例えば，国立教育政策研究所の教育図書館・文部科学省図書館OPAC のデータベースには，近代教科書デジタルアーカイブ，往来物，国定教科書内容索引等がある。また，国立国会図書館のデジタル資料でも確認できる。新型コロナウィルス感染症（COVID-19）対策だけではなく，資料保存の観点から実物資料の閲覧が不可能な場合，こうしたデジタル資料を活用することも容易になってきている。一方でデジタル資料の提供が進む中，実物資料を見ることの価値が問われている。

第5節　博物館と中学校，大学の三者連携活動

　太平洋戦争後，博物館は「社会教育のための施設」として位置づけられ，「学習の場」として様々な活動が展開されてきた。また，社会の動向をふまえた博物館に関する提言や制度改正等があった。2008（平成20）年の博物館法改正では，博物館が行う事業に「社会教育における学習の機会を利用して行った学習の成果を活用して行う教育活動その他の活動の機会を提供し，及びその提供を奨励すること」が追加された。その中では，学校教育の支援が

促され，学習指導要領との関連を意識した学習プログラムの作成，学芸員の学校派遣のほか，学校との連携活動に取り組むことが目指されている。

　これまでに多種多様の博学連携の事例が報告されてきている。ここでは，博物館（美術館）と中学校，そして大学の三者が連携して実施している教育活動を紹介する。

　東京都内にある港区立青山中学校では，学年ごとに一度ずつ，美術館を活用した美術の鑑賞活動（土曜授業，美術特別授業）を行っている。2005（平成17）年より活動を開始し，特に2008（平成20）年より大学が活動に加わり，2021年現在まで継続している。中学校2年生でのサントリー美術館，中学校3年生での森美術館との連携活動期間は長く，特徴的である。連携活動にあたって，中学校は学習指導要領をもとに美術を通して生徒の思考力，判断力，表現力等の能力を高めること，美術館は館のポリシーに基づき教育普及活動を展開していくこと，大学は教員養成において学生たちの指導力，生徒理解力を実践的に高めていくことを目的としている。三者三様の目的をもっており，共通するのは，次世代育成である。

　近年の中学2年生の連携活動は，開催される予定の展覧会について事前にサントリー美術館の教育普及担当と大学生からレクチャーを受け，夏休みの課題として各自，該当展覧会に足を運ぶことになっている。生徒は，中学1年生の時に美術館での鑑賞体験をしているため，美術館での鑑賞の際，大声で話さない，かけ回らない，メモには鉛筆を使用する等の基本的なルールを理解している。その上で，中学2年生での土曜の特別授業は，美術の表現活動と鑑賞活動とを関連付け，日本美術を知る機会となっている。美術館の教育普及担当が館の説明や展覧会の概要等，当該美術館に関わる大枠について話をし，大学生が該当展覧会の要点や見どころを対話やグループワーク等の活動を通して伝えていく。この活動を実施する前段階では，美術館の教育普及担当，中学校の担当教員，大学の担当教員との打ち合わせ，美術館の教育普及担当，中学校の担当教員，大学生との打ち合わせ，さらに，中学校の担当教員，大学生との打ち合わせ，といったように少なくとも数回の打ち合わせが行われる。

　中学校3年生の連携活動では，中学生が主体で動く。授業前にビフォアー

チーム（授業当日の活動を準備し当日も中心となって動くチーム），授業後にはアフターチーム（活動を次の美術表現活動へとつなげ，総括としてこれまでの活動を何らかの形にしていくチーム）が有志結成される。近年，中学校では，この活動を「中学生がつくる美術の授業」と称している。この活動では，美術館の教育普及担当者（森美術館では，アソシエイト・ラーニング・キュレーター）と大学生が中学生の動きのサポートをする。特に，中学生が授業を構築していく過程におけるアソシエイト・ラーニング・キュレーターとのやりとりが特徴的である。中学生が展覧会の要点をつかみ，その上で，授業のなかで何を伝えたいのか，どのような活動をするとそれが実現できるのかを考えていく。つまり，学校教員が美術館との事前打ち合わせをするように，中学生自身が美術館と打ち合わせをするのだ。しかしながら中学生は事前打ち合わせの必要性を考えたり，授業準備をしたりするのは初めてであるため，美術館との事前打ち合わせをするときの要点や実際の授業準備に関しては，中学校美術教員や大学生がサポートする。また，あくまでも学校教育の活動の一つであるため，中学生が活動開始する以前に中学校美術教員とアソシエイト・ラーニング・キュレーターとで日程調整や活動内容の方向性等の打ち合わせをしており，まったくの白紙の状態から中学生に授業を任せたり大学生にサポートをしてもらったりしているわけではない。授業当日は，ビフォアーチームが中学校の同級生に対し，美術の鑑賞授業を行い，アソシエイト・ラーニング・キュレーターとの対話を進行したりグループワークをはじめとした活動を促したりしながら展示の要点や，森美術館についての情報を伝えていく。また，大学生が中心となり，これらの活動の進行サポートをする。

　このように中学生の自主性や主体性を最大限に引き出していく活動を三者が連携して実現している。この連携活動は，中学校の教員の行動からはじまった。ある美術科担当教員が美術館の教育普及担当者に，学校が活用できるプログラムはないかを問い合わせたことがきっかけである。

　現在では，多くの博物館が学校との連携活動を行っているが，まだ実現できていなかったり，より充実した連携活動を求めたりする館は少ない。実現できていない課題の一つとして，双方がどのようにアプローチしたらよいの

かわからないといったことをはじめ，「向こう」からアプローチしてくるのを待っていることがあげられる。また，アプローチがあったものの，一方的な学校の要求であったり，館の教育サービスの提供であったり，双方向性がみられないこともあげられる。「一方的」にならざるを得ない状況は学校，あるいは館の運営方針に起因していることもあり，「一方的」であることは必ずしも簡単に解決できるわけでもない。そのため，館があらかじめ準備している教育プログラムを基本路線とし，それぞれの学校側が提示してくる要求に応じてサービスを提供する，つまり，館があらかじめ用意した範囲でサービスを「提供」するかたちが多くとられている。しかし，もともとあるサービスを提供しているため，両者が何かをあきらめていることもあり，「連携」にはならない。連携は，双方の専門性を活かしたより発展的な活動であり，お互いの目的が達成されなければならない。そのためには，双方に明確な目的と話し合いが必要となる。

　第4節で述べたように，連携活動では，相互の信頼関係の構築が必須であるが，活動をより活発化させ，継続したい場合は，それぞれに明確な目標があることも必要である。また，上述事例のように，連携が三者以上になる場合は活動の機軸をどこに合わせるか理解していることも必要である。事例では，中学校の教育活動を基軸とし，美術館，大学がそれぞれの目的を達成する活動となっているため，基軸に歩み寄ることが活動継続のポイントとなっている。そのため，同じ目的，同じ内容の連携は存在せず，連携する相手が異なれば，それぞれの連携活動において違いやそれぞれの連携の特徴が出てくるものである。そして，連携活動は，過去の成功例をもとに「型」を作れれば活動がやさしくなるが，ともすれば一方通行になる可能性もあり，さらに活動自体が単調になりやすいことにも注意したい。

第6節　社会に開かれた大学博物館

　これからの大学は「社会に開かれた大学」が求められている。その意味において大学博物館は大学と社会を結ぶ最も適した施設の一つといえる。大学

博物館が所蔵資料などを用いて企画展を開催することで，大学の広報活動としての役割も果たす。また，大学博物館は外部とのアクセスのよい場所に立地していることが多く，カフェやミュージアムショップを設置している館もある。大学博物館が主体となり講演会，ワークショップ等のイベントを開催することもある。

　教育博物館では企画展，特別展の開催と付帯事業を通して社会に開かれた博物館を目指している。玉川大学創立80周年にあたる2009（平成21）年には玉川学園創立80周年特別展「イコン―聖像画の世界」を開催し，当館のイコン・コレクション71点を公開した。この展示会では，学芸員によるギャラリートークの開催以外に，外部の専門家を招いた講演会を実施した。2012（平成24）年には，当館のジョン・グールド鳥類図譜コレクションを中心に企画展示「石に描かれた鳥たち―ジョン・グールドの鳥類図譜」を開催した。グールドの鳥類図譜以外にも，カンザス大学ケネス・スペンサー・リサーチライブラリーの協力のもとグールドの鳥類図譜が制作される過程を再現したコーナーやダチョウの卵や鳥の羽のハンズオンコーナーを設けた。

　玉川学園創立90周年にあたる2019（令和元）年には東京芸術劇場（池袋会場）と教育博物館において記念特別展「ジョン・グールドの鳥類図譜―19世紀 描かれた世界の鳥とその時代」を開催した。この展覧会でも当館の所蔵するジョン・グールド鳥類図譜に加え，公益財団法人山階鳥類研究所から当館の所蔵していないジョン・グールド鳥類図譜を借用して日本国内で初めてグールド鳥類図譜全44巻を一堂に展示した。この展示会の関連行事としては，学芸員によるギャラリートークのほかに，専門家を交えたシンポジウム「19世紀のジョン・グールド鳥類図譜から今何が分かるか」やワークショップ「リトグラフで鳥の絵に挑戦」等を開催した。

　教育博物館は他大学や他機関と連携した活動も行っている。2010（平成22）年には，公益財団法人松竹大谷図書館と共催で「鈴木コレクション おもちゃ絵の世界」展を開催した。この展示は我が国でも貴重な明治のおもちゃ絵が玉川大学教育博物館と松竹大谷図書館に寄贈されたことから，これらの資料を広く一般に公開することを目的にして開催された。2011（平成23）年にはお茶の水女子大学附属図書館の共催を得て，企画展示「資料でみる日

本の子ども―子育て・幼稚園」を
開催した。この展示会は日本保育
学会の大会が玉川大学で開かれる
ことを受け，日本の幼児教育や東
京女子高等師範学校の倉橋惣三
（1882-1955），玉川学園の小原國
芳に関する展示を行ったもので，
学会活動と連携した活動である。

「石に描かれた鳥たち―ジョン・グールドの鳥類
図譜」展のギャラリートーク

また，同じ年に西南学院大学博物館と「大学博物館共同企画」として，両館
が所蔵する資料を展示した「イコン―東西聖像画の世界―」を西南学院大学
博物館にて開催した。この共同企画は二つの大学博物館が連携することで，
より質の高い知識や学びの場を創出すると共に，大学博物館同士の相互理解
や研究成果の共有化を視野に入れて計画された。教育博物館からは所蔵コレ
クションであるイコンを展示作品として提供したほか，学芸員が西南学院大
学にて講演を行った。

　教育博物館はこうした博物館主体の活動以外に，大学が全体として取り組
んでいる地域連携の試みにも参加している。玉川大学は敷地が横浜市青葉区
に位置している部分もあるため，桐蔭横浜大学，國學院大學，カリタス女子
短期大学[4]，日本体育大学，横浜美術大学と共に青葉区6大学連携事業に携
わり，大学の地域連携活動を進めていたが，教育博物館もこの活動に関わっ
ていた。6大学連携事業の一環「青葉区6大学めぐり」で来館した参加者に
展示の説明を行うほか，当館の事務課長と学芸員が，ローカルラジオ番組に
出演し，6大学連携事業の一環として教育博物館や教育博物館が主催する展
覧会の魅力を話したこともあった。

第7節　大学博物館が博物館教育を推進するうえでの課題

　これからの大学博物館が博物館教育を推進するうえでの課題について述べ

ておきたい。

　第一の課題は優先度（プライオリティー）についてである。大学入学志望者人口の減少や新型コロナウィルス感染症（COVID-19）の流行による社会の変化により，これから多くの大学がより厳しい運営を迫られることが予想される。そのなかで，大学博物館も大学から人員や交付予算額の削減を求められることが想定される。そのような状況になった場合，大学博物館の教育活動として何を優先するかという優先度（プライオリティー）の問題が生じてくる。大学博物館はスペース的にも人的にも予算的にも限りがあるため，利用者のすべての要望に応えるわけにはいかない。その時に優先度（プライオリティー）の問題が生じる。

　これまで，大学博物館の教育活動は「大学教育活動への参画」と「社会に開かれた博物館」の二つの役割があると述べてきた。しかし，厳密にいえば，この二つの利害は相反する面がある。大学博物館も含む大学運営経費のなかで，学費等納入金の割合が大きいことはいうまでもないことであるが，多額の予算を投入して開催する企画展や付帯事業の受益者は展示会に関心のある一般市民であり在籍している学生ではない（もちろん在籍学生が企画展を見学したり，付帯事業に参加することはあるが，そのことはここでは外しておく）。また，大学博物館の企画展を見学した高校生やその保護者が良い印象をもち，その大学の受験を考えるという可能性はある。しかしながら，あくまでも大学志望者を対象としたオープンキャンパス事業と比べて，その費用対効果は限定的であろう。

　一方，大学博物館が社会に向けた事業に高い優先度（プライオリティー）を置くことによって，在籍学生の博物館利用の機会が損なわれる可能性がある。例えば，さほど大きくない大学博物館で一般に公開された企画展を開催しているときに，学部の教員が教育活動の一環として，自分の授業の履習生を引率して博物館見学や学芸員による解説を求めても，学芸員の一般客への対応や，展示室の混雑を憂慮して，博物館側がその要望を断る場合がある。

　もちろん，これからの大学博物館が社会貢献の優先度（プライオリティー）を低めることを推奨するわけではないが，これからの大学博物館は誰を優先（プライオリティー）するかの議論がより積極的に行われるべきであろう。

二番目の課題としては大学博物館の立地や環境整備が挙げられる。大学博物館のなかには，大学の教育活動に活用が可能な資料を所蔵しつつも，講義が行われている学部校舎から離れたところに位置しているために，博物館を利用した学修活動が十分に展開できない悩みがある。また，博物館内に多目的ルームや来館者用のロッカーなどの設備がないことも教育活動を実践するうえでの妨げになっている。

　第三の課題は，博物館の教育活動の優先度は必ずしも高いわけではないという意識である。博物館は教育活動の重要性を十分に意識するようになってきているものの，所蔵資料の安全な保存により高い優先度（プライオリティー）をつける。したがって，学部教員から実物資料を授業で使わせてほしいという依頼があった場合でも，資料の提供にあたり厳しい条件をつけることや，断る場合がある。このことにより，学部教員は博物館を「敷居が高い」と感じてしまい，博物館を利用した教育活動をあきらめてしまうことがある。こうした問題は，学部教員と博物館側がお互いに信頼感をもって協議することで，かなり改善される。また，最近では実物資料を使用しなくとも，様々な博物館リソース（複製資料，動画，高画質画像，博物館が作成した教員向け教材，解説シート，ワークシート等）を活用すれば博物館を利用した教育活動ができる。実物資料を頼らずに，他の博物館リソースを用いて大学教育と博物館の連携の可能性を模索することが期待できる。

　しかしながら，こうした課題の解決は容易ではない。特に，施設整備など予算措置が必要なものの実現は今日の大学の財政状況からいって難しいものがある。優先度（プライオリティー）の問題もセンシティブな課題である。

　最後にこれまでの論旨から逆説的に響くかもしれないが，大学と博物館教育のあり方について別な見方を提示しておきたい。今日では，大学のユニバーサル化や知識社会という言葉が繰り返し唱えられ，大学の理念や目的も学修者の質保証に焦点をおいたものに変わってきているが，知の探究という大学の本来の役割はこれから誰が担うのかという問題について考えなければならない。大学はこれまで特権的な地位を享受しつつ，功利性や実用性をあまり意識せずに「知それ自体」の探究を続けてきた。こうした活動の成果は即座に数字に表れにくいものもあるが，結果的に人々に多様な考え方を示し，

生活を豊かなものにしてきた。しかし，時代環境の変化を受けて，大学がこうした余裕をもった活動を行うことが次第に難しくなってきている。

　大学博物館もこうした時代の影響を受けている。大学の財政が豊かな時は大学博物館でも新しい資料の購入や調査研究が容易に出来る。しかし，大学を取り巻く環境が変わるということは，大学博物館側にも意識の改革が迫られることを意味する。貴重なコレクションの寄贈を受けても，資料を適切に管理し，目録の刊行や展示会の開催，調査研究を行うには莫大な手間と費用がかかる。厳しい経営状況にある多くの我が国の大学が，今後も大学博物館にこのような活動を続けていくことを許す保証はどこにもない。しかし，資料や資料を基にした学術研究基盤のない博物館は砂上の楼閣になる危険が高いことも強調しておきたい。

学習課題 (1) 大学博物館が学部と連携した教育活動を成功させるポイントは何か考えましょう。

(2) 大学博物館でどのように社会に開かれた活動が行われているか調べてみましょう。

(3) 今日，我が国の大学の経営環境はますます悪化することが予想されておりますが，それでも大学が大学博物館をもつ意義はどこにあるか考えましょう。

註 1) 大学での学びは「学習」ではなく「学修」と表現することから，この章に限り「学修」という表現を使用する。

2) この情報に関して国立科学博物館研究会編『「科博」次のステップに向けて』ジアース教育新社，2015年，96頁及び国立科学博物館，大学パートナーシップ，ホームページを参照した。

学習 ≫ 大学生・大人向け ≫ 大学パートナーシップ∷ 国立科学博物館
National Museum of Nature and Science,Tokyo（kahaku.go.jp）

3) 教科書には，国定教科書と検定教科書がある。国定教科書は，編集や発行の権限が国にあり，全国一律に使用する教科書である。検定教科書は，文

科省の検定をうけて発行された教科書である。
4）カリタス女子短期大学は2017（平成29）年に閉学した。

第 9 章 | 博物館の種類別にみた教育活動

第6章では博物館の教育活動の種類について取りあげたが，この章では，博物館の種類によって活動の違いはどのようになっているのかをみていきたい。博物館の種類によってみられる教育活動や特徴を概観することで，館の種類によって博物館教育はどのような違いがあるのか，また実施している内容などを理解してほしい。

キーワード | 博物館の種類　人文系博物館　自然科学系博物館　野外系博物館

第1節　博物館の種類

博物館の種類といっても，何を基準に分類するかによって分け方は異なる。たとえば，博物館法による登録博物館，博物館相当施設，そしてそれらに属さない博物館類似施設，あるいは国立・都道府県立・市町村立・私立など設置者別による分類，コレクションによる分類，資料の収集範囲による分類などいろいろな分け方がある。

文部科学省では3年に一度実施する「社会教育調査」において，「総合博物館」「科学博物館」「歴史博物館」「美術博物館」「野外博物館」「動物園」「植物園」「動植物園」「水族館」の9種に分類して統計をとっている。分類した内容は，「総合博物館」とは人文及び自然科学に関する資料を，「科学博物館」とは主として自然科学に関する資料を，「歴史博物館」とは主として

歴史および民俗に関する資料を,「美術博物館」とは主として美術に関する
資料をそれぞれ収集・保管・展示するものをいい,「野外博物館」とは戸外
の自然の景観および家屋等の形態を,「動物園」とは主として動物を,「植物
園」とは主として植物を,「動植物園」とは動物・植物を,「水族館」とは主
として魚類を,それぞれ育成してその生態を展示するものをいうとしている。
これをもとに博物館の種類と内容を整理すると表9-1のようになる。

　なお,博物館の種類によって教育活動をみた場合,「総合博物館」は人文
系と自然科学系の両分野をあわせたものであるため,ここでは両者を合わせ
た特徴をもつものとして除き,歴史系,美術系,自然史系,理工系,生態系,
および野外系の博物館を取りあげる。

表9-1　資料や展示場所による博物館の分類

大分類	小分類	内容
人文・ 自然科学系博物館	総合系博物館	人文および自然科学の両分野またがる資料を総合的に扱う博物館
人文系博物館	歴史系博物館	歴史,民俗など人間の生活や文化に関する資料を扱う博物館で,「歴史博物館」「考古博物館」「民俗博物館」「民族博物館」などがある。
	美術系博物館	美術に関する資料を扱う博物館で,一般的に「美術館」と呼ばれる。収集範囲によって,古美術,近代,現代,西洋,アジア,東洋,日本,諸地域,絵画,彫刻,版画,工芸,写真,デザイン,映像,作家,様式などの博物館がある。
自然科学系博物館	自然史系博物館	自然界を構成している事物やその変遷に関する資料を扱う博物館で,一般的に「自然史博物館」と呼ばれる。
	理工系博物館	科学や技術の基本原理やその歴史に関する分野の博物館で,「科学博物館（科学館）」「天文博物館（プラネタリウム）」「技術博物館」「産業博物館」などがある。
	生態系博物館	生きた動物を主に扱う「動物園」,水中や水辺に生息する生き物を扱う「水族館」,植物や標本を扱う「植物園」のほか,それぞれを組み合わせた複合施設もある。
野外系博物館	建物系博物館	民家,公共施設,産業施設などの建物や構造物を移築して集めた「野外博物館」で,「建物園」「民家園」など呼称は様々である。
	現地保存型 博物館	地域の自然,産業,文化などの遺産に焦点をあてた「エコミュージアム」がある。

第2節　人文系博物館

(1) 歴史系博物館

　歴史系の博物館は全国の博物館の中で最も多い。設置者からみると，私立の博物館もあるが，数の面では公立の博物館が多数を占める。

　国立の歴史系博物館には，国立歴史民俗博物館があり，旧石器時代から近代までを通史的な観点をもとに，トピックとなるテーマを設定した展示が行われている。国立だけに施設の規模は歴史博物館の中で最大である。

　都道府県立の歴史系博物館は，主に市町村を抱合する広域な地域の歴史を対象にして国立と同様に通史的な展示を行っている館が多いが，特定の時代，地域，史跡を扱う博物館も設立されている。例をあげると，「埼玉県立嵐山史跡の博物館」「千葉県立関宿城博物館」「神奈川県立金沢文庫」「石川県立白山ろく民俗資料館」「熊本県立装飾古墳館」などがある。

　市町村立はより狭い地域を対象にして，出土品，古記録，古文書，絵図，神像，仏像などの歴史資料をはじめ，衣食住，生業・信仰・年中行事などの民俗資料，地域の自然，産業，文化のほか，先人や偉業などに関する資料を展示している。対象が狭い地域であることから，郷土博物館，郷土資料館，郷土館，民俗博物館，民俗資料館などの館名がつけられることが多い。

　歴史博物館の研究分野の中心は歴史学になる。これは人間の過去の営み，事実および変遷を明らかにするために研究する学問である。歴史学が対象とするものは過去であることから，その状態や事象は直接に認識することができないため，モノや記録などの歴史資料を媒介として歴史を認識していく。つまり，歴史博物館は資料の調査研究，収集，同定，整理，保存をもとに，展示や教育活動に資料を活用し，人々が地域の過去から現在を知り，そして未来をみつめるまなざしを育てるために存在するといってもよいだろう。

　したがって，歴史博物館は，対象とする地域，時代，出来事の歴史に関する資料を調査研究，収集，保管，展示，教育をして，人々の利用に供することが使命になる。同時に，人々の学習，調査研究等に資するための施設や組織を整備し，必要な活動を実施することが地域社会への貢献として，それが

役割にもなる。このことは，歴史博物館の活動や運営が市民の教育，学術および文化の発展に寄与するため，地域社会と密接に関わっていくことにつながる。

　地域社会と密接な関係を築くためには，歴史博物館に対する地域社会からの期待や要望に沿うことが大事である。期待や要望は地域ごとに多岐にわたるであろうが，共通するもので，近年重視されているのは生涯学習の拠点としての役割である。人々が歴史博物館で地域の歴史や文化を理解し，学ぶことができるとともに，そこでモノだけではなく人と出会い，交流できる場としての機能を有する博物館づくりが求められている。

　歴史博物館が生涯学習の拠点となるためには，まずひとつに学校教育との連携を考えねばならない。歴史博物館では，学校の社会科などの授業と連動して，地域の歴史や昔の暮らしを調べたり，学習することができる。また，学習指導要領においても，社会科，総合的な学習の時間などにおける博物館等の活用が記載されていることをふまえ，学校教育との一層の連携を図ることが勧められているため，歴史博物館と学校の連携は盛んになっている。

　次に，歴史博物館の教育活動で特徴的なことは，参加・体験型のプログラムの活発さがあげられる。古代の分野がある博物館では土器作り，勾玉作りなど，中世・近世の分野では甲冑をつける，当時の服装を着るなど，民俗の分野ではわらじ作り，しめ縄作り，郷土玩具作りなど，地域の歴史に合わせ，体験を通して学べるいろいろなプログラムが実施されている。そのほか，古文書講読会，郷土史講座など，主に大人を対象としてより深く地域史を学べる講座や博物館の外で地域の遺跡・旧跡などを見学するツアーなども歴史博物館の教育活動でよく実施されている。

　地域と密着した教育活動に特徴がある歴史博物館であるが，ボランティア活動の場を積極的に提供していることも特徴としてあげられる。歴史博物館の活動や事業に合わせ，必要な研修を実施し，ボランティア活動に参加する人にとっても生涯学習の場となるような養成が行われている。

(2) 美術系博物館（美術館）
　美術館は美術資料を展示して，主に鑑賞を通して人々が美的感動を享受し，

情操や感性を高めるとともに，美術の歴史，理論，技術などの理解が深まるような活動を展開している。つまり，各人の情操，感性などに訴える主観的な側面と美術を理解するという客観的な側面を有しているのが美術館の特色といえる。かつては，収集した美術資料を展示して，愛好家が鑑賞するだけで成立している美術館の時代があったが，しだいに美術館が鑑賞の場だけではなく，美術教育の場として人々の利用に供される時代になってきた。特に公立の美術館においては，美術を通し，生涯学習の場として様々な人に活用されるようになってきている。美術館における展示活動以外の教育活動は多岐にわたるが，鑑賞を主としたプログラムのほか，美術の歴史，理論，技術の学習を目的にしたプログラムや創作活動を目的にしたプログラムなどがある。

　展示をもとに解説するプログラムにはギャラリートーク，ギャラリーツアーがある。ギャラリートークは学芸員，解説員，もしくはボランティアが団体や複数の参加者に対して美術資料の前で解説と質疑応答を行うもので，美術を理解し，鑑賞をより深める効果をもたらす。ギャラリートークには，対話型鑑賞教育のようにファシリテーター（促進役）と呼ばれる話者と参加者の間で積極的に対話を重ねながら自由な鑑賞を促す方法も盛んに取り入れられている。ギャラリーツアーは美術館側のスタッフが館内の展示を解説しながら案内するもので，ギャラリートークと同様の効果が得られる。このほか，鑑賞を目的としたプログラムには移動美術館がある。移動美術館は，地理的条件や交通，時間の関係で普段美術館を訪れることができない遠隔地の人々のために，美術館がその地に出かけて展示を行う活動である。

　美術史や美術家に関して，あるテーマを設定して，その内容に関する学習を促すプログラムには講演会や講座がある。講演会は展覧会に関連したテーマで，学芸員や外部の専門家が講師になって行われるものやシンポジウム形式で行われるものもある。講座はある特定のテーマのもとに，少人数の参加者を募り，主に複数回で構成される講義形式のプログラムである。期間を限定して行うものから，年間を通じて実施されるものなど，連続して行われる講座が多い。

　ワークショップ（創作活動）は美術館ならではのプログラムといえる。ワ

ークショップは教える側からの一方向的な知識や技術の伝達ではなく，ファシリテーターのもとに参加者が自発的に活動し，参加・体験をすることを目指している。美術館においては，絵画・彫刻・版画・工芸・デザインなどの実技教室や創作活動のほか，美術資料の鑑賞をワークショップ形式で行うこともある。

　なお，美術館と学校との連携も盛んになってきている。小学校の図画工作における指導では，各学年の鑑賞の題材について，「児童や学校の実態に応じて，地域の美術館などを利用したり，連携を図ったりすること」とし，中学校の美術では，「日本及び諸外国の児童生徒の作品，アジアの文化遺産についても取りあげるとともに，美術館や博物館等と連携を図ったり，それらの施設や文化財などを積極的に活用するようにすること」と学習指導要領（平成29年告示）に示されたように，美術館を活用した鑑賞学習が推奨されている。

第3節　自然科学系博物館

(1) 自然史系博物館

　自然科学とは，自然とその現象を対象とした科学の分野であり，物理学，化学，生物学，地球科学，天文学など，広い分野の研究をさす。一方，地球や生命の歴史，それらすべてをまとめて自然史という。したがって，自然科学のなかでも，自然自体の成り立ち，構造，仕組み，変化などを追究することが自然史科学であり，具体的には動物学，植物学，古生物学，地質学，鉱物学，進化生物学，人類学などが含まれる。

　自然や現象への知的好奇心は古くからあり，ギリシャ・ローマ時代からすでに動植物や鉱物などを記録することが行われてきた。その後14世紀から16世紀にかけての大航海時代を経て，世界中の自然物への関心が高まり，博物学の進展とともに自然物の調査，収集，整理，保存，研究が盛んになった。そして，集められた資料をもとに自然史博物館がつくられ，人々に公開されていった。

自然の事象はあらゆる自然科学の原点でもあり，自然史は人類にとって最も身近な科学である。近年では，自然の理解や探究に周辺科学を応用するとともに，最新の技術を駆使しながら，多角的な研究が行われるようになった。さらに，人類にとって自然との共存は普遍的なテーマであるため，自然史はそのテーマにつながる科学としての重要性からも注目されている分野である。今の自然史博物館は，このような人類の自然への興味・関心が生み出した施設であり，自然や現象を調査研究して，資料を収集・整理・保存するとともに，展示や教育活動を行うことで，自然や環境に対する理解と保護・保全に寄与することを目的とした機関である。

　自然史博物館における教育活動をみると，自然や環境に対する理解や学習のためには，単に知識を伝えるだけは十分な効果が得られないことから，体験学習を含む具体的な資料をもとにした学びが求められる点が特徴となろう。加えて，自然史博物館では学校の利用が多くみられることも教育活動の特徴につながっている。

　例をあげれば，展示ではハンズオン展示，ウォークスルータイプ（通り抜けることができる）のジオラマ，情景再現型展示，参加・体験型の展示などが取り入れられることが多い。教育活動では，学校教育との連携や団体での利用に備え，教員研修，教員との事前打ち合わせを実施している。見学にあたっては，オリエンテーション（ガイダンス），展示解説，館内授業，ワークシート，補助教材や学習支援プログラムの提供などによって学校利用への対応を行っている。このほか，展示室とは別に子どもを対象にしたディスカバリールーム（発見の部屋）を設けて，多種多様な自然史資料や複製資料などをもとに体験型の学習ができる場を提供している館もある。また，子どもだけではなく大人を対象とした自然講座，講演会のようなプログラムやボランティア活動を支援することも行われている。さらに，館外の教育活動として，自然教室，自然観察会，標本採集会などの野外活動や移動博物館，講師派遣，教育用資料の貸し出しなどのアウトリーチ活動も盛んに実施されている。

(2) 理工系博物館

　理工系博物館は，科学や技術の基本原理，その歴史に関する分野の博物館

で，内容的には，「科学博物館（科学館）」「技術博物館」「産業博物館」などがある。2018（平成30）年度の文部科学省・社会教育調査では，日本の科学博物館数は登録博物館・博物館相当施設が104館，博物館類似施設が350館で，計454館である。社会教育調査では，自然史系と理工系をまとめて科学博物館としていること，そして国立科学博物館が「人々が，地球や生命，科学技術に対する認識を深め，人類と自然，科学技術の望ましい関係について考えていくことに貢献することを使命としている」と宣言しているように，科学博物館には自然史と理工系の両分野を柱にしている館もある。したがって，454館のうち，理工系を専門にする博物館の割合は正確にわからないとしても，全国各地に理工系専門の博物館が数多く設立されている。特に欧米のサイエンス・センターの考えが日本に紹介されるようになって以来，各地の県・市に科学博物館の建設が行われるようになった。

　理工系博物館は科学技術，宇宙，機械・情報機器，エネルギーなどの分野を扱う科学博物館のほか，日本では交通（鉄道・船・航空機），産業（産業全般・自動車・通信），電気・電力，防災などのテーマを対象とする専門博物館も多く存在する。また，盛岡市子供科学館，八王子市こども科学館，横浜こども科学館，伊丹市立こども文化科学館などのように子どもを対象にした科学館が各地にみられるという特色もある。

　理工系博物館の役割は，もともと科学・技術・産業などの理解と普及を主眼としているため，展示と同時に教育活動を重視している。教育活動には，展示に関わる解説活動，講演会，講座，イベント，そして学校との連携などについては，ほかの種類の博物館の取り組みと相違ないが，特徴的なことは展示に体験型展示装置を多用している点があげられる。体験型展示装置はそれを見るだけでは機能せず，人が触れたり，動かしたり，操ったりしないと，ある特定の知識や経験が得られない。たとえば，力，運動，光，音などの科学や技術の基本原理を理解にしてもらうには，文字による解説では伝えきれないため，原理を体験しながら理解する展示装置が用いられるのである。鉄道や航空機などをテーマにする博物館でよく見られる運転シミュレーター，操縦シミュレーターも同種の装置である。

　また，実演・実験型の解説活動も理工系博物館ならではの教育活動である。

これは，博物館のスタッフが来館者の前で解説をしながら実演や実験を行うもので，アメリカではデモンストレーションと呼ばれる。館内の決められた場所で，時間を決めて実施することが多く，サイエンス・ショー，サイエンス・ステージ，実験ショーなどの名で実施することが最近盛んになっている。そのほか，実験室，実習室，工作室などの教育活動用の施設・設備を有し，各種の実験教室，工作教室などの学習プログラムが充実していることも特徴にあげられる。このような理工系博物館の教育活動の進展に合わせ，科学教育のプログラムを担当するサイエンス・コミュニケータの養成もなされるようになってきた。

(3) 生態系博物館

　生態系博物館には，生きた動物を主に扱う「動物園」，水中や水辺に生息する生き物を扱う「水族館」，植物や標本を扱う「植物園」のほか，動物，水族，植物を組み合わせた館園もみられる。生態系博物館の役割は，人々の教育やレクリエーションに資するだけでなく，生物の調査研究活動をもとに，自然保護や自然への認識を高めることにある。したがって，生態系博物館の教育活動は，生命への畏敬の念を育み，生物とその生態，そして自然という総体への理解を援助することがその目的になるであろう。

　動物園は，野生動物を中心に多様な動物を飼育して，公開する施設である。そのため，野生動物の収集や展示にあたっては，格別の配慮が必要であることから，国際自然保護連盟（IUCN）は動物園に対し，「野生動物の飼育は，科学的な飼育基準にもとづく良好な飼育管理と計画的な増殖によって〈種の保存〉に貢献するものでなければならない」「野生動物の展示は，丹念に用意された教育計画にもとづき，その展示種が生態系のなかで果たす役割を理解させるものでなければならない」という提言を行っている。これは，野生動物は生息地との関わりも重要であるため，できる限り野生の生態に近づける展示を行うことや動物自体と生態を理解できるような工夫が求められることにつながっている。このことから，動物園の教育活動は生きた野生動物をもとにプログラムが展開されるが，自然保護や生態を含めた動物に対する正しい理解をうながす内容も必要になる。動物園では，このような点をふまえ，

専門スタッフによるガイドツアー（ナイト・ズーとして夜間の見学ツアーもある），飼育舎や飼育員の仕事などがみられるバックヤード・ツアー，子どものための動物とふれあいができるプログラム，ワークシートの提供など，観察や解説を基本にした教育活動が展開されている。

　水族館は，水生生物を飼育・研究し，公開する施設である。そのことから水族館の役割としては，動物園と同様に，生物保護や自然環境保護の役割も求められている。従来はガラスやアクリル樹脂の透明板越しの観察だけで，解説も文字や写真による一方通行のものが多かったが，最近は水生生物にふれたり，手に取って観察できたりするような体験・参加型の展示や教育プログラムも行われるようになってきた。また，ガイドツアー，展示解説，講座，講演会，相談室，見学会，観察会や，移動水族館のようなアウトリーチ活動も行われている。このほか，水族に対する親しみや能力の理解をうながすために，調教された海獣・魚類をショーの形式で人々に見せることも，水族館の特徴的な教育活動といえる（ただし，芸を仕込み見世物にしているという批判もある）。

　植物園は種々の植物を集めて栽培・保存して，植物の研究や知識普及のために活動する施設であるが，その性格は植物園によって異なる。公益社団法人日本植物園協会に加盟している植物園をみると，学校に属する植物園が6園，国公立園，またはこれに準ずる施設が59園，会社や個人が経営する植物園が15園，大学や企業の薬用植物を扱う専門植物園が40園，合計120園となっている（2021年現在）。このうち，一般に公開している植物園は，国公立園，またはこれに準ずる施設と会社や個人が経営する植物園であり，主に大学の理学部や農学部の附属植物園である学校に属する園と薬用植物を扱う専門植物園（薬草園）は公開されていないものが多い。公開されている植物園では，植物に関する理解や植物多様性の保全活動などを目的に教育活動が行われている。植物園でも動物園や植物園と同じように，ガイドツアーやオリエンテーションなどのプログラムが用意されているが，特徴的なのは植物の開花時期や季節に合わせたプログラムが多いことである。また，栽培法，剪定法，寄せ植え法，フラワーアレンジメント，植物を用いた手芸的製作物，飾り物作り，植物画制作，植物撮影法など実習や実技をメインにした講座・教室な

どのセミナーが盛んである点も特徴といえるであろう。

第4節　野外系博物館

　建物系博物館は民家，公共施設，産業施設などの建物や構造物を一定の地に移築して集めた野外博物館である。「建物園」「民家園」など呼称はいろいろであるが，主に現地保存が不可能な文化的価値の高い歴史的建造物を移築して公開するとともに，文化遺産として復元・保存に取り組み，次代に継承することを目指す活動を行っている。このような建物系博物館の教育活動は歴史博物館や民俗博物館とそれほど差はないが，建物解説，ガイドツアーのほか，季節の行事，民具製作実演，祭りなどのイベントや講座，体験学習のようなプログラムが行われることが多い。

　一方，エコミュージアムはある地域全体をミュージアムとしてとらえ，文化，自然，歴史，産業，生活などに関する遺産や資源を現地で保存・育成・活用して，人々の地域理解やその発展に寄与する野外博物館である。その運営・活動は，住民が参加することを原則にして，地域内にコアと呼ぶ中核施設（情報・研究センター），自然・文化・産業などの遺産としてのサテライト，新たな発見を見出す小径（ディスカバリー・トレイル）などを配置し，来訪者が地域社会を見やすく，理解できる構造やシステムがとられる。日本では，地域振興や地域活性化の手段として，各地でエコミュージアム構想が計画されているが，実現している数はそれほど多くない。教育活動としては，ガイドツアー，年中行事や地場産業と関係した体験学習，イベントなどがみられる。日本の場合，エコミュージアム自体がまだ発展途上といえ，特色ある教育活動の実践はこれからの課題であろう。

学習課題　(1)　自分の居住地域にある博物館でどのような教育プログラムが行われているか調査しましょう。

　　　　　　(2)　動物園・水族館・植物園が行っている博物館教育の特徴を説明し

ましょう。

（3）美術系博物館が行っている博物館教育の特徴を説明しましょう。

参考文献　・「博物館総合調査」（平成25年度）の基本データ集　教育普及活動について（調査票11. 関連　作成者　杉長敬治）

http://www.museum-census.jp/data2014/data11.pdf

・日本博物館協会『令和元年度日本の博物館総合調査報告書』日本博物館協会，2020年

第 10 章 | 博物館教育と評価

　実践活動のプロセスや成果を点検することを評価という。評価を行うことで博物館の活動ごとの問題点を探り出し，改善を行うことができる。本章では博物館事業全体の評価と博物館教育活動など個別プログラムの評価の方法について学ぶ。

キーワード | 事前評価　形成的評価　総括的評価　内部評価　外部評価
　　　　　　 | 質問紙調査　チェックリスト

第1節　博物館教育と評価

　博物館の運営を円滑に行うには計画（Plan），実行（Do），評価（Check），見直し（Action）の4つから成るマネージメントが重要である。最初の計画の段階では，博物館は館のミッションと基本構想を決め，中長期計画を策定する。ミッションと基本構想は館の方向性を示す指針として重要である。次に中長期計画に基づいて，博物館で行われている様々な活動を資料収集，資料保存，調査研究，環境整備，教育普及活動などに分類し，個別の活動ごとに評価項目と目標を定めたチェックリストを作成する。こうした過程を経て，博物館の活動は実行されるが，活動後に計画に基づき活動が実践されたか，問題があるとしたらどこなのかを点検する作業を評価という。

　後述するように評価の手法として質問紙調査やインタビューが良く使われることから，評価は研究と類似している点があるが，両者は目的が異なって

いる。評価は活動における特定のプロセスや成果を検証し，活動の検証を行う。研究はプロセスや成果の検証ではなく，知識を高める目的のために行われる。

　我が国において博物館評価に対する関心が高まった背景には，博物館を含めた公共性のある機関に対して説明責任が求められているからである。これまで博物館の評価は主として来館者数や自己収益といった指標に依っていたため，こうした指標とは別に博物館のもつ意義と役割から評価項目を策定しようとする動きがみられるようになったのである。

　博物館評価はアメリカ合衆国が先行している。アメリカではソビエト連邦の人工衛星スプートニク1号の打ち上げ（1957年）に衝撃を受け，国内の教育の質を上げるために多くの改革を行った。その一環として教育実践に対する評価が行われ，その影響を受けて，博物館でも評価をとりいれるようになった。1981年にはアメリカ博物館協会（American Association of Museum）が，博物館の使命や目的の検討，評価，目標設定，組織改定のスキルを開発するためのツールとして，ミュージアム・アセスメント・プログラム（Museum Assessment Program）を策定した。英国でもレスター大学ミュージアム・アンド・ギャラリーリサーチセンターが中心となり，博学連携活動を行った教員，児童，生徒を対象にした大規模な調査活動を行っている。

第2節　評価の種別

　評価といっても多様な方法がある。ここでは，事前評価・形成的評価，総括的評価並びに内部評価と外部評価の違いについて説明する。

（1）事前評価・形成的評価，総括的評価
　評価が行われる時期という観点からいえば，事前評価，形成的評価，総括的評価の3つに分けられる。事前評価とはプログラムやコンセプトを考える初期段階に行われ，その計画が望ましいものかどうかを確かめる活動のことを指す。展示や博物館教育活動を計画する場合に，ターゲットとなりうる利

用者の事前調査を行い，分析を行う活動などがこれにあたる。形成的評価とはプログラムの開発途中に行われる評価のことである。プログラムの効果の検証や改善を目的としている。形成的評価に該当する活動としては，展示見学者や博物館教育プログラムの体験者に質問紙調査や面接調査等を行い，その結果によって展示や教育プログラムの改善をはかること等が挙げられる。ハインは『博物館で学ぶ』のなかで，展示装置を改善するためには，インフォーマルで，短期間，その場限りのものであっても形成的評価が博物館側に有用な情報を提供してくれると主張している。また形成的評価では，テストをし，改良の上，再テストをする反復のプロセスが有効だと述べている。なぜならばこうしたプロセスを経ることにより，ひどい間違いが修正され，全くうまくいかない部分，つまり誰も理解できない部分や一部の利用者が完全に間違えて捉えてしまう部分が改善される可能性が高まるからである[1]。総括的評価とは完成したプログラムの効果を調査することを指す。総括的評価を行うことにより，意図した効果であれ，意図されていない効果であれ，評価の対象となる展示や博物館教育プログラムにどのような効果があったかを検証することが可能となる。

(2) 内部評価と外部評価

　評価者という観点でいえば内部評価と外部評価がある。内部評価とは組織内で行われる評価のことで，自己点検活動と呼ばれることもある。外部評価とは組織外の評価者によって行われる評価のことで，第三者評価とも呼ばれる。博物館評価の場合，まず内部で自館のミッションや計画に基づいた諸活動の評価項目を網羅したチェックリストを作成し，それによる内部評価を行う。内部評価を行った後に専門家を交えた外部評価を行う。最近は有識者に加え，市民モニターなどの博物館利用者に評価を委託して，より多角的な事業評価を行っている博物館もある。

　内部評価では博物館の実務者が評価を行うため，評価の検証や改善が容易である。しかし，その一方で内部評価者は組織の利害関係やバイアスを受けやすいため，客観性の保持が難しい場合がある。外部評価は内部評価を経たあと，その二次評価というかたちで導入するケースが多い。外部評価は内部

評価に比べて，より客観的な評価が期待されることに加え，有識者から意見を聴ける機会でもあるので，外部評価の導入により内部評価の段階では気がつかなかった新しい知見や新鮮な情報が館にもたらされることがあり，館の改善につながる。

(3) チェックリスト

　博物館活動の評価は館の基本構想に基づいて作成されたチェックリストの精度に依るところが大きい。それではチェックリストとは具体的には何を指すのであろうか。一概にチェックリストといっても館ごとに差異があるが，基本的には館の中長期計画にあわせて，博物館諸活動を項目ごとに列挙し，内容，活動目標並びに活動の評価方法を表にしたものである。博物館教育普及活動を例にすれば，チェックリストには常設展のギャラリートーク，企画展の記念講演会及びギャラリートーク，館の主催する講座，ワークショップ，解説シート，ワークシート，博学連携活動など，教育普及活動に分類される館の諸活動が列挙される。そして，それらの活動の具体的な目標とその達成度を評価するための手法が書かれる。例えば，質問紙（アンケート）の分析，参加者へのフォーカス，専門家への評価の依頼などがある。

　チェックリストの評価項目の列挙，実態の分析，評価目標の設定等は基本的には当該業務の担当者が行う。しかしながら，チェックリストはその後の博物館評価の中心となることから，リストの作成は時間をかけて慎重に行わなければならない。可能ならば館長を中心にした業務担当者からなるチームを編成し，チームで評価項目の作成と検討を行うことが望ましい。

　チェックリストが作成されたら，実際にリストに基づいて評価を行い活動の実態と問題点を把握する。いくら優れたチェックリストを作成しても，博物館の活動の具体的な改善がともなわなければ机上の空論である。

第3節　博物館教育活動などの個別プログラムの評価

　本節では個々の博物館教育活動の評価について述べる。博物館教育活動に

対する評価の方法としては観察，面接，質問紙調査などがある。観察とは来館者の行動を録音や録画を通して記録する方法である。面接とは個人やグループで行うインタビューのことを指す。質問紙調査とは博物館教育プログラムの体験者等に質問紙を配布し，回収した質問紙の分析を通して，教育プログラムに関する評価を行う調査のことである。こうした博物館教育活動の調査を行う場合は，まず，調査者が被験者に調査の意義と内容を説明して，内諾をとる必要がある。また調査活動を通して取得したデータは調査目的以外に使用してはならない。

　博物館教育活動の評価のために広く普及しているリサーチ手法は，質問紙調査であろう。博物館教育活動に対する質問紙調査の目的は実践した博物館教育活動に対する状況把握と原因把握にある。状況把握とは参加者が当該の博物館教育活動に対してどのような評価をしているか把握することであり，原因把握とは実践した博物館教育活動に問題がある場合，その原因は何かを質問紙の分析を通して究明することである。

　質問紙を用いた調査を行う場合は，調査目的にあわせた質問項目の精査をすることが肝要である。質問項目の精査を十分に行わないと，答える必要のない質問を挿入してしまうこともあれば，しなければならない質問を入れ忘れることもある。また，調査者は被験者の手間や時間のロスを防ぐため，質問用紙は極力，簡潔にした方が良い。質問順序にも配慮するべきであろう。

　博物館教育活動の質問紙は選択回答式と自由回答式の質問の組み合わせからなる。選択回答式質問とは，質問者の方で回答をあらかじめ複数用意しておき，回答者は自分の意見に最も近いと考える選択肢を選ぶ方法である。選択回答式の質問の方法としては以下のようなものがある。

◆二項選択法―二分質問法とも呼ばれる。「はい」か「いいえ」を答える質問の形式を指す。

◆多項選択法―質問者があらかじめ回答を用意して，回答者に選択させる点は二項選択式と同じであるが，選択する回答が三つ以上ある。

◆リッカート尺度―質問者の質問に対する段階を回答者が選択して，自分の意見を表す方法。ある質問に対し，五つの選択肢（1. 全くあてはまらない　2. あまりあてはまらない　3. どちらとも

　　　　　　いえない　4. ややあてはまる　5. 非常にあてはまる）を用
　　　　　　意して，回答者に自分の意見に最も近いものを選択して
　　　　　　もらう方法などがそれにあたる。
　一方，自由回答式の質問とは制約を課さずに回答者に自分の意見や感想を
自由に記述してもらう方法である。自由回答式の方法としては二つある。一
つは「この博物館教育プログラムに対する感想を自由に書いて下さい」とい
った完全自由回答式の質問方法である。もう一つは「今日，博物館を訪問し
て最も楽しかったことは〜です」とか「今日の訪問で最も興味をもてたこと
は〜です」等，不完全な文章に自分の好きな文章を入れてもらう文章完成法
や絵を描いて自分の感想や意見を表明してもらう方法である。文章完成法や
絵を描いてもらう方法は完全自由回答式の質問紙で自分の意見や感想を表明
するのが難しい子ども等を対象にした場合に用いられることが多いようであ
る。
　質問紙調査は博物館教育プログラムに関する利用者の評価を分析するうえ
では有効なデータを提示する一方，利用者にどのような学習効果が生じたの
か検証することはできない。そもそも，博物館教育自体，学校教育のように
体系的で系統的な学びではないために，その学習効果をはかることは容易で
はないが，最近では教育プログラムが学習者の学びにどのような変化をもた
らすか調査，検証している美術館もある。例えば，ボストンにあるイザベ
ラ・ガードナー美術館ではK-8（我が国における中学 2 年生に該当する）の生
徒135名を対象にしたリサーチを行い，美術館の学びが生徒の学力にどのよ
うな効果をもたらすか報告している。この美術館は近隣の複数の学校と連携
して，博物館教育活動を体験するグループ（これを実験群もしくは Treatment
Group と呼ぶ）と体験しないグループ（対照群もしくは Control Group と呼ぶ）
に分け，両者に同一の面接調査等を行ってその違いを公表している。
　最後に博物館教育活動などの個別プログラムの評価の意義について考える。
第一は博物館活動全般における評価活動と同じく，質問紙調査や面接調査を
通して博物館教育活動の PDCA（Plan〔計画〕，Do〔実行〕，Check〔評価〕，
Action〔改善〕）を行うことにある。第二の意義は，こうした調査を通して博
物館の提供する教育活動に関する利用者の反応を把握できる点にある。例え

ば，あるときは好評を博した博物館教育プログラムが別の時では不評ということもある。このような場合，選択回答式の質問用紙や自由記述式のコメントの分析を通して，学芸員やミュージアム・エデュケーターはその要因を特定できる。つまり，両者の評価の違いは博物館教育プログラムの進行上の手際の良し悪しにあったのか，利用者層の違いにあったのかある程度，推定することが可能となる。第三は博物館活動の評価活動は，新しい博物館教育プログラムを構築するうえでの参考になることである。

学習課題 (1) 博物館評価の様々な方法をまとめましょう。
(2) 博物館教育活動などの個別プログラムの評価の方法をまとめましょう。

参考文献 ・ジョージ・E・ハイン『博物館で学ぶ』鷹野光行監訳，同成社，2010年
・フィリップ＆ニール・コトラー『ミュージアム・マーケティング』井関利明，石田和晴訳，第一法規，2006年

註 1）ジョージ・E・ハイン著『博物館で学ぶ』鷹野光行監訳，同成社，2010年，89頁。

第 11 章 博物館教育と地域社会

　本章では地域社会における博物館のあり方について考察する。生涯学習社会の推進や地域活性化政策が唱えられたことにより，博物館を地域における活動の拠点の一つとして活用する動きが目立つようになっている。

キーワード ｜ 生涯学習　地域活性化　博物館ボランティア　博物館サポーター　エコミュージアム　ミュージアム・ネットワーク

第1節　生涯学習社会と博物館

　生涯学習とは1965（昭和40）年にパリのユネスコ本部で開催された第3回成人教育推進国際委員会の会議において提唱された概念で，個人が生涯にわたって主体的に学習を継続していくことを指す。生涯学習の考え方は我が国でも取り入れられており，教育基本法第一章第三条「生涯学習の理念」には「国民一人一人が，自己の人格を磨き，豊かな人生を送ることができるよう，その生涯にわたって，あらゆる機会に，あらゆる場所において学習することができ，その成果を適切に生かすことのできる社会の実現が図られなければならない」とある。

　我が国では1987（昭和62）年に臨時教育審議会で第4次答申「個性尊重，生涯学習，変化への対応」が出されてから，生涯学習が政策として推進されてきた。1988（昭和63）年には，文部省に「生涯学習局」がおかれ，1990（平成2）年には「生涯学習の振興のための施策の推進体制等の整備に関す

る法律」が施行された。2008（平成20）年には，中央教育審議会が「新しい時代を切り拓く生涯学習の振興政策について〜知の循環型社会の構築を目指して〜」の答申が出された。生涯学習は「いつでも」「どこでも」「だれでも」学ぶことを目的としており，その具体的な施策として，放送大学の開設，大学における通信教育制度の充実や昼夜開講制，大学と地域社会の連携，図書館や公民館の開館時間の延長や住民の様々な自主的な学習活動支援，博物館を利活用した学習活動の推進などがある。

　生涯学習の進展に並んで，地域社会と博物館の関係が着目されている背景には地域活性化政策がある。2006（平成18）年に国土交通省から地域活性化戦略が打ち出された。この政策は人口減少，少子高齢化，東アジアの急速な経済成長という時代の変化をふまえ，諸地域が地域資源を活かした特色ある生活圏域をつくることを目的としたものである。その具体的な施策として，官民の「対話と協働」のもとに景観，自然，歴史，文化などの地域資源や個性を活かした多様で質の高い風景を形成する運動，住民やNPO等の担い手が参画したまちづくりの促進，地域資源を利用した観光開発などが提唱された。こうした地域活性化のための活動拠点の一つとして地域博物館への期待が高まったのである。

　地域コミュニティの形成において，住民の自主性が求められるようになった背景も地域社会と博物館の関係に影響を及ぼしている。これまで我が国では教育，福祉やまちづくりなどの活動は国や地方自治体などの公的機関が担い，市民はこれらのサービスの提供を受ける関係であった。しかしながら，知識社会の進展や価値観の多様化等の影響もあり，今日においては，住民は公的機関から提供されるサービスをただ受けるだけでなく，自らの創意工夫や現場の実情に合わせたサービスを公的機関と協働しながら創りだす時代に変化している。こうした時代的な影響を受け，多くの地域博物館で利用者（住民）を主体とした活動が行われている。

　文化庁も文化芸術立国の実現を目指して地域の博物館に多様な支援事業を行っている。2015（平成27）年から2017（平成29）年度までは「地域の核となる美術館・歴史博物館支援事業」を行った。これは地域の文化財の活用，地域へのアウトリーチ活動，観光振興，多言語化による国際発信や国際交流

などを通して地域の核となる文化発信を目指す博物館等を助成する事業である。続いて2018（平成30）年度には博物館が核となって地域文化の発信や子どもや高齢者等あらゆる者が参加できるプログラム，学校教育等との連携によるアウトリーチ活動等に取り組む博物館を支援する「地域と共働した博物館創造支援活動」を行った。また，これと並んで博物館を中核とし，構成員に美術館・博物館等の複数館が参画するとともに，芸術文化団体，アートNPO，大学，産業団体，首長部局まちづくり担当，教育委員会などを含む実行委員会の活動を支援する「博物館クラスター形成支援事業」も行われた。この支援事業は単独の博物館の事業活動を支援するのではなく，博物館を中心とした地域の文化活性化を目指したプロジェクトを支援する点が特徴的である。

第2節　地域社会と連携した博物館

　地域社会と連携した博物館の事例として，東京都練馬区立石神井公園ふるさと文化館を説明したい。練馬区立石神井公園ふるさと文化館は練馬区ではぐくまれてきた伝統や文化を継承し，新たな地域文化の創造および観光振興にも寄与することを目的に2010（平成22）年に開館した地域博物館である。練馬区の基本構想「ともに築き　未来へつなぐ　人とみどりが輝く　わがまち練馬」のもと，子どもから高齢者まで世代を超えて人と人がふれあいながら，練馬区の自然や歴史，文化を知り，身近なものにしていくミュージアムを目指している。

　この博物館では設立段階から練馬区民に寄り添った博物館づくりを目指してきた。このことは博物館の運営にあたって開催された「練馬区立石神井公園ふるさと文化館運営懇談会」のなかに，区民，町会や伝統文化団体代表，観光事業団体の代表などが多く含まれていることからも分かる。館内に「わがまち練馬情報コーナー」や，区の歴史，民俗，自然などに関する図書資料を所蔵した交流ライブラリー，地域の食文化である武蔵野うどんを提供する休憩コーナーを設置するなど，地域の観光資源の促進の役割も兼ねた複合的

な施設となっているのは，こうした区民の声を反映したものであろう。所蔵資料も区民からの寄贈資料が多い。博物館では区民から寄贈された資料の調査，研究を行い，展示，教育活動，研究論文などを通して研究成果を区民に還元している。加えて，

サポーターの活動風景　いろり端で聞く昔ばなし
（写真提供：練馬区立石神井公園ふるさと文化館）

練馬区民から手工芸品を公募し，博物館の展示スペースを用いて，入選作を展示する「ねりま手工芸公募展」も開催している。

　しかし，何といっても特筆すべきは「石神井公園ふるさと文化館サポーター」という制度であろう。サポーターは「館のスタッフとともに博物館活動を支える重要なパートナー」「区民と館，利用者と館を結ぶ役割がある」「サポーター活動が地域に対する自身の興味や関心を深め，さらに，サポーター活動が館の活動の幅を広げ，郷土の学習やまち歩き等の機会の増大とサービス向上につながることを目指す」と位置づけられており，博物館の支援者としての役割ばかりでなく，博物館を利用した学習者としても位置づけられている。サポーターの具体的活動内容としては，館内案内，展示解説，交流ライブラリーでのレファレンス対応，博物館主催事業の実施補助などであるが，サポーターが企画した来館者事業も開催している。石神井公園ふるさと文化館はサポーターを対象とした学習会を積極的に開催しており，館長や学芸員等がサポーターの役割や博物館資料の環境管理に関するレクチャーを行っている。

　博物館の活動に携わる区民という点においては，博物館ボランティアと似

ているが，練馬区立石神井公園ふるさと文化館のサポーターは主体的に活動しているようにみえる。すべての博物館ボランティアがそうだというわけではないが，博物館ボランティアのなかには，こちら側が何か質問をしてみても「それは学芸員の先生にきいてみないとわかりません」とか「そのような質問は私たちでは答えてはいけないようにいわれています」などと返答する方がいる。

　ところが，練馬区立石神井公園ふるさと文化館のサポーターの方々は積極的に来館者の質問に応じている。特に，展示されている地域の歴史や文化，伝統に関して，自己の経験を通して熟知しておられるサポーターの方も少なくなく，学芸員とは異なる視点から展示解説をしている姿が目立つ。一例を挙げれば，練馬区はアニメ制作がさかんな地域のため，アニメ関係の展示があるが，サポーターのなかにはアニメ制作会社の元社員の方もおり，来館者にいきいきと説明している。

　また，昔の農具の展示している場所には，実際にこうした農具を使って農作業に携わってきた体験者の方がおられて，分かりやすい説明をしている。練馬区立石神井公園ふるさと文化館の広報紙「石神井公園ふるさと文化館ニュース」にもサポーターが担当するコラムが掲載されている。コラムの内容は活動中に出会った来館者に関するエピソードや練馬区の史跡めぐりなど多様であるが，学芸員や博物館スタッフとは違った視点から博物館活動を紹介しており興味深い。

　博物館管理側の立場からすれば，ボランティアを余りにも自由に活動させてしまうと，来館者に不正確な知識あるいは偏った知識を与えてしまうのではないかという危惧があるかもしれない。しかし，構成主義の立場でいえば，ある特定の知の解釈や考え方が絶対に正しいと断言することはできない。地域博物館のように，地域の住民の歴史や生活に関する資料が展示してある場合，学芸員よりもその地域に生活している博物館ボランティアの方が意義ある「資料の解説」をする可能性もある。従って，練馬区立石神井公園ふるさと文化館のように，「博物館サポーター」という制度を設け，彼らの「知識」や「体験」を活用する仕組みをつくることは，来館者にとって有益なだけでなく，サポーター自身の「自己実現」につながる優れた地域連携型の教

育活動であろう。

第3節　エコミュージアムと博物館教育活動

(1) エコミュージアム

　エコミュージアムとはフランスの博物館学者であるアンリ・リヴィエール（Georges-Henri Rivière, 1897-1985）が提唱した考え方で，地域の自然遺産や文化遺産を博物館と地域住民が連携して保存し，その価値を評価する試みである。博物館が主として建築物のなかで，専門的な知識に基づいて資料の収集，保存，調査研究，教育活動等を行うのに対して，エコミュージアムは地域全体を「屋根のない博物館」にみたてて，地域にある多種多様な有形，無形の文化遺産の保存や活用を目指す。

　エコミュージアムの概念においては，行政主導型ではなく，市民の主体的な参画を求めている。エコミュージアムは具体的には地域の文化遺産の展示の中核拠点となるコアと地域内のいろいろな場所にあるサテライト施設から成る。コア施設では，エコミュージアム全体の管理，運営が行われている。一般的な博物館と同じような資料保存施設や展示室があり，資料収集や調査研究活動，教育普及活動などが行われることも多い。地域住民が利用できるミーティングルームが設置され，住民が参加した活動が促進されている。サテライト施設は地域のいろいろな場所に展示されている自然遺産，文化遺産，産業遺産を紹介する場のことを指す。サテライト施設では施設関係者や地域住民が活動に携わり，ガイドなどを行う。エコミュージアムはフランスで誕生した考え方であるため，日本になじみにくい考え方かもしれないが，日本においても，エコミュージアムの考え方を取り入れて，活動を行っている自治体がある。

　ここでは日本におけるエコミュージアム活動の一つの事例として，北海道の北広島市エコミュージアムセンター知新の駅の取り組みを説明する。

　北広島市は札幌市に隣接する人口約5万8,000人（2021〔令和3〕年現在）の自治体である。北広島市には多くの自然遺産，文化遺産，産業遺産がある。

自然遺産としては北広島市には特別天然記念物野幌原始林や大規模斜交層理（クロスラミナ）があるほか，多くの生き物が生息している。ケナガマンモス，バイソン，キタヒロシマカイギュウ，セイウチ，クジラ等の古生物の化石も発見されており，これらも自然遺産に含まれる。文化遺産としては札幌農学校で教頭を務めたクラーク博士（William Smith Clark, 1826-1886）と北海道で稲作に成功した中山久蔵（1828-1919）の記念碑が建つ国指定史跡の旧島松駅逓所がある。市内の歴史資料，農機具，生活用具，年中行事，郷土芸能，伝説や言い伝えなども，エコミュージアムの概念では文化遺産に該当する。産業遺産としては自動車，金属，食品などを生産する大曲工業団地がある。

　北広島市エコミュージアムセンター知新の駅はこれらの地域の自然遺産，文化遺産（このミュージアムでは歴史遺産と呼んでいる），産業遺産の保存とさらなる価値の発見を目指している。北広島市の自然遺産と歴史遺産については「北広島遺産ハンドブック」という挿絵入りのカラー版のハンドブックを発行している。北広島市エコミュージアムセンター知新の駅の中心となるのが，北広島市の旧広葉小学校を改装したコア施設である。ここは資料の保存や展示，教育活動などを行う博物館類似施設である。この施設をコア施設として，市内には「旧島松駅逓所」「開拓記念公園」，特別天然記念物野幌原始林に隣接した「レクリエーションの森」などのサテライト中心施設がある。

　コア施設では常設，企画の展示室のほか，標本室，作業室，図書室やミーティングルームがある。所蔵資料の一部は「知新の駅　デジタルミュージアム」という名称の電子目録で公開されている。常設の展示は地域で発見された地層標本や古生物の化石から近現代の歴史資料まで幅広く総合博物館のような展示がある。展示では一次資料に加え，市内の小学生がミュージアムスタッフの指導のもとで制作した古生物の骨格復元模型が目立つ。展示物の解説も難解ではない。分かりやすさを何よりも目指している。

　北広島市では，このミュージアムの基本理念を「エコミュージアムは，行政と地域住民が協働し，保存，活用を図り実現していくものです。エコミュージアムとは，北広島市に住むすべての人々がそれぞれの考えを出しあい，協力して自分たちの住む北広島市をつくりあげていくものです」と説明しているように，ミュージアムの運営にあたり市民の主体的な参画を求めている。

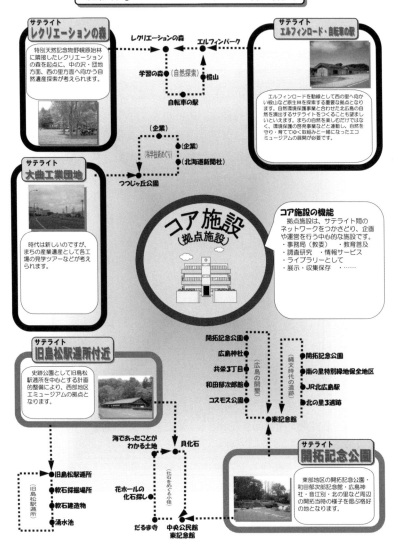

北広島エコミュージアム・概略図

サテライト レクリエーションの森

特別天然記念物野幌原始林に隣接したレクリエーションの森を起点に、中の沢・団地方面、西の里方面へ向かう自然遺産探索が考えられます。

レクリエーションの森　エルフィンパーク

学習の森　（自然探索）　椴山

自転車の駅

サテライト エルフィンロード・自転車の駅

エルフィンロードを動線として西の里へ向かい椴山など原生林を探索する重要な拠点となります。自然環境保護事業と合わせた北広島の自然を演出するサテライトをつくることも望ましいといえます。まちの自然を楽しむだけではなく、環境保護の啓発事業などと連動し、自然を守り・育ててゆく取り組みと一緒になったエコミュージアムの展開が必要です。

（企業）

（科学技術めぐり）　（企業）　（北海道新聞社）

サテライト 大曲工業団地

時代は新しいのですが、まちの産業遺産として各工場の見学ツアーなどが考えられます。

つつじヶ丘公園

コア施設（拠点施設）

コア施設の機能

拠点施設は、サテライト間のネットワークをつかさどり、企画や運営を行う中心的な施設です。
・事務局（教委）　・教育普及
・調査研究　・情報サービス
・ライブラリーとして
・展示・収集保存　……

サテライト 旧島松駅逓所付近

史跡公園として旧島松駅逓所を中心とする計画的整備により、西部地区エミュージアムの拠点となります。

旧島松駅逓所　　軟石採掘場所　　軟石建造物　　湧水池

（旧島松駅逓所）

開拓記念公園　　広島神社　　共栄3丁目　　和田郁次郎館　　コスモス公園

（広島の開墾）

海であったことがわかる土地　　貝化石

（化石をめぐる小径）

花ホールの化石探し　　だるま寺

中央公民館　東記念館

（縄文時代の遺跡）

開拓記念公園　　南の里特別緑地保全地区　　JR北広島駅　　北の里3遺跡

東記念館

サテライト 開拓記念公園

東部地区の開拓記念公園・和田郁次郎記念館・広島神社・音江別・北の里など周辺の開拓当時の様子を偲ぶ格好の地となります。

北広島市エコミュージアムセンター知新の駅の概略図
（資料提供：北広島市教育委員会）

ケナガマンモス復元模型制作風景
(写真提供：北広島市教育委員会)

牙の下地塗装作業　　　　　　　　　シュロ皮の清掃作業

シュロ皮の接着作業　　　　　　　　完成したケナガマンモス

　実際にミュージアムの運営はこれまでボランティア団体，商工会，有識者，学校関係者，北広島市文化財保護実践委員など様々な立場のメンバーから成る北広島エコミュージアム推進委員会を中心にして行われ，エコミュージアムが成長するに合わせて，体制などを見直しながら，市民の主体性を可能な限り活かせる組織づくりが行われている。

（2）北広島市エコミュージアムセンター知新の駅における博物館教育活動
　それでは，このエコミュージアムの教育活動とはどのようなものであろうか。ここでは，2016（平成28）年に実施された「平成28年度北海道博物館特別展関連・北広島市エコミュージアムセンター共催地域連携事業―北広島市マンモス大復活プロジェクト！」の例を紹介しながら，このミュージアムと北広島市民が連携した活動について考えたい。

このプロジェクトは北海道博物館で開催された企画展「ジオパークへ行こう！─恐竜，アンモナイト，火山，地球の不思議を探す旅」（開催期間：平成28年7月9日〜9月25日）に北広島市に生息したと推定されるケナガマンモスを紹介することを目的として，ケナガマンモスの父親（体長約5ｍ×体高3ｍ）と子ども（体長約2ｍ×体高1.2m）の復元模型を制作するというものであった。この復元模型は北広島市内の小中学生が中心となって北広島市エコミュージアムセンター知新の駅のスタッフと共に制作された。復元模型は北海道博物館における企画展が終了した後は，北広島市エコミュージアムセンター知新の駅で展示されている。

　ケナガマンモスの復元模型の主材料は断熱材スタイロフォーム，シュロ皮及び麻糸である。断熱材スタイロフォームは，プロジェクト時に北広島市内で工場を操業していたダウ化工株式会社から無償提供を受けた。父親マンモスの復元模型は北広島市エコミュージアムセンター知新の駅の募集に応じた小学生から高校生33名（小学生30名，中学生2名，高校生1名）と星槎道都大学（北広島市）の大学生8名が北広島市エコミュージアムセンター知新の駅で制作した。子どもマンモス模型は博学連携活動として北広島市内の小学校8校，中学校2校の児童，生徒（小学生495名，中学生236名）がそれぞれの学校で制作した。制作方法はできあがった模型のパーツを受け渡しするリレー方式で進められた。

　参加者たちは復元模型制作にあたり，北広島市から産出されたケナガマンモスについて学んだ。父親マンモスを作成したプロジェクトチームのメンバーたちは札幌市の北海道博物館で古生物の実物化石を見ながらマンモスの勉強会を行った。子どものマンモスを制作した北広島市内の小中学生は北海道博物館の学芸員にそれぞれの学校に来てもらい講話をしてもらった。

　復元模型の制作は以下の工程で行った。（1）型紙を切る（2）型紙をスタイロフォームにあてて外郭線を描く（3）外郭線に沿って電熱線で切る（4）ヤスリかけ（5）部位の接着（6）マンモスの塗装（7）シュロ皮のクリーニング（8）シュロ皮の貼り付け（9）麻糸の貼り付け，である。プロジェクトチームの参加者たちは，この工程をほぼすべて体験したが，子どものマンモスの復元模型の制作にあたった北広市内の小中学生は，参加者も多数であっ

たことから，この工程の一部を体験した。博学連携的な観点からいえば，このプロジェクトは理科（古生物や化石の学び），図画工作（復元模型の制作），社会（北広島市の理解）の内容にまたがる教科横断的教育活動であったということができよう。

　完成した2体のマンモスの復元模型は，北海道博物館に移送される前にトレーラーに載せられ，このプロジェクトに参加した小学校，中学校を巡回した。また，このほかに地域の商業施設でも展示され，その成果を市民に披露した。北海道博物館で開催された企画展「ジオパークへ行こう！─恐竜，アンモナイト，火山，地球の不思議を探す旅」ではプロジェクトチームの小学生が「北広島子ども学芸員」として復元模型の説明を行った。

　このように北広島市エコミュージアムセンター知新の駅では地元の資料（自然遺産）を活用し，地域の小中学校や大学，企業と協力して活動を行い，その成果を還元している。このミュージアムがこのように地域と密着した活動を行えた大きな要因は博物館側と市民の距離感が近いことにあったといえよう。

第4節　ミュージアム・ネットワーク

(1) ミュージアム・ネットワークの必要性とその背景

　ミュージアム・ネットワークとは，博物館の本来もつ機能を強化したり，単独ではできない試みを行うなど，何らかの目的のために複数の博物館が連携を図ることをいう。近年，社会が博物館に求める機能や活動は高度化，多様化，専門化していくのと同時に，人々が集い，交流する場としての機能も期待されるようになった。

　しかし，博物館はそれぞれ設立の目的，使命，特徴，性格，活動，予算，事業内容などが異なるため，一つの博物館で地域社会の多様なニーズをまかなうことは困難を極める。地域社会と博物館の関わりを考えれば，地域社会の中で独自の価値と魅力をもつ博物館となるだけでなく，地域に存在する複数の博物館同士の協力関係をもとに，不足しているところを相互に補い合い，

相乗効果がもたらされるような取り組みが不可欠になる。教育活動においても，一つの博物館でできる活動には限界があり，博物館を訪れる多くの利用者に対して，多種・多様な教育プログラムを展開するためには，複数の博物館のネットワークによって解決できる部分も多くあるのである。

　ミュージアム・ネットワークについては，以前から各博物館ともその必要性は認識していたと思う。博物館学関係の諸本を見ても，博物館が連携を図る必要性が唱えられているものが多くあった。しかし，博物館の連携や交流の取り組みが積極的に展開されるようになったのは，1990年代以降のことである。

　博物館の連携，および地域社会の文化施設を活用した連携は，国の政策や博物館界でも取り組みが行われてきた。たとえば，日本国土の利用，開発および保全に関する総合的かつ基本的な計画である「全国総合開発計画」の第5次国土計画として，1998（平成10）年に国土庁が策定した「21世紀の国土のグランドデザイン」では，「地域資源を活用した交流活動等が容易となるよう，例えば鉄道駅，道の駅，体験・交流施設等の既存の施設も活用しながら，交流・連携の核となる場を整備する」「交流・発信活動の拠点の整備を推進する観点から，美術館，博物館等の展示・研究機能や国際化に対応したサービス機能の向上を図るとともに，各地域の国公私立博物館・美術館相互の連携・協力を推進する。国際化，情報化に対応した国立博物館，美術館等の整備を推進し，国際的な文化拠点を整備する」といった提言がなされている。

　また，文化庁では1995（平成7）年にまとめた「新しい文化立国をめざして―文化振興のための当面の重点施策について（報告）」に，「公立文化会館や美術館・博物館など地域文化振興の拠点となる施設相互の連携を促進する」とし，1997（平成9）年の「21世紀に向けた美術館のあり方について」では，今後望まれる美術館の諸活動として，美術館相互の連携を促進すると提言している。

　そして，2000（平成12）年に日本博物館協会がまとめた『「対話と連携」の博物館―理解への対話・行動への連携―市民とともに創る新時代博物館』では，21世紀にふさわしい新しい理念として「対話と連携」の博物館を提唱

した。それは博物館内部，博物館同士，博物館と外部（学校・地域・家庭）との間におけるそれぞれの「対話と連携」を運営の中心に据えることが，博物館の機能を向上させ，生涯学習時代の要請に応えていく道であるというものである。

　このような流れも一つの背景となり，ミュージアム・ネットワークが取り立てられるようになったのである。

（2）ミュージアム・ネットワークと博物館教育

各館独自の特色を生かしながら，博物館の本来もつ機能を強化するとともに，有効に展開させ，新たな価値を生み出すネットワークの内容には次のようなものがある。

- ・資料の貸借
- ・共同研究
- ・企画展の共同開催
- ・教育プログラムの共同開催（講座・ワークショップ・シンポジウムなど）
- ・広報・情報提供（博物館マップ・展覧会情報・利用案内など）
- ・相互利用（ミュージアムラリー・スタンプラリー・入館料割引など）
- ・意見・情報交換
- ・職員の研修

このなかで，博物館教育に関係する内容は，第一に教育プログラムの共同開催があげられる。地域の博物館同士で講座，ワークショップ，シンポジウムのほか，見学会や観察会などの教育プログラムを共同開催することは，他館のもつ研究的資源，人的な資源，資金的な資源，場の提供などを相互に活用するだけではなく，教育活動の内容充実にもつながる。また，教育活動における共同研究や教育プログラムを実施する際の広報・情報提供の拡充にも有効なシステムをつくりあげることが可能である。

　そして，企画展の共同開催やミュージアムラリー・スタンプラリーなどの相互利用も博物館教育と関わる内容になるであろう。企画展の場合は，それに関連して解説活動，講演会，講座などの教育活動が展開される。この内容もネットワークのなかでより効果的なものが生み出されるとともに，利用者

の増加にもつながっていく。あわせて，ミュージアムラリー，スタンプラリーなどの相互利用も教育プログラムの参加者増加に関わってくる。

　ミュージアム・ネットワークという取り組みは，地域が求める博物館づくりが図られるとともに，その波及効果により，人々に博物館を利用することで様々な恩恵がもたらされる。さらにネットワークに参加する博物館自体の活性化，活動の充実につながり，やがては博物館の発展にも寄与していくこととなる。また，博物館同士の連携や交流は，それぞれの博物館がもつ価値だけではなく，地域の文化や資源の重要性に改めて気づく機会ともなるであろう。博物館を通しての出会いや交流が地域社会のなかでの新たな活動の可能性を生み出し，ひいては博物館からの新たな創造にもつながっていくと考えられる。

（3）ミュージアム・ネットワークの事例―北海道立函館美術館の事例

　ここでは北海道立函館美術館を事例として挙げながら，ミュージアム・ネットワークについて説明する。

　北海道では教育委員会が主導するアートギャラリー北海道（Art Gallery Hokkaido, 以下 AGH と記述）がある。AGH は平成30（2018）年に結成され，北海道のすべての道立美術館（北海道立近代美術館，北海道立三岸好太郎美術館，北海道立旭川美術館，北海道立函館美術館，北海道立帯広美術館，北海道立釧路芸術館）が加盟している。

　このネットワークは「美術館を行き交う人々があふれ，北海道全体がアートの舞台になる」という目的のもと，美術館を中心とした多くの文化施設（博物館，文学館，写真館，図書館，歴史遺産など）によって構成されている。このネットワークを用いて道内の各地域にある美術館が所蔵作品をお互いに貸借して，地域住民により多くの美術作品を鑑賞する機会を提供している。また，AGH が主導して，自治体と連携した展示会の企画と運営，ワークショップやコンサートの実施，美術館の魅力を伝える広報活動等を行っている。

　例えば道立函館美術館では AGH 事業の一環として展覧会「北のさきがけ道南四都物語」（会期2018年 4 月28日～ 6 月13日）を開催した。この展覧会では北海道が命名されて150年になる平成30（2018）年に北海道函館市，伊達市，

江差町，松前町の文化施設からそれぞれの都市にゆかりの文化財を借用して展示した。このように道立函館美術館は AGH を活用することにより，複数の文化施設の連携事業のハブとして機能しているのである。

　AGH の活動とは別に，道立函館美術館は美術館の周囲の施設（市立函館博物館，函館市中央図書館，五稜郭タワー，函館市芸術ホール）や松前町や江差町の文化施設の学芸員等職員との交流があり，必要に応じて情報交換を行っている。必要に応じて他の文化施設との共同事業（道立函館美術館と市立函館博物館とのミュージアム・ツアーや松前市や江差市と資料に関する情報交換）等を行っている。

学習課題　(1) 自分の居住地の博物館では，地域社会と連携したどのような活動が行われているか調査しましょう。

(2) これからの博物館において博物館ボランティアおよびサポーターはどのような役割が求められているか考えましょう。

参考文献　・金山喜昭『博物館入門—地域博物館の提唱』慶友社，2003年

・小林克『新博物館学　これからの博物館経営』同成社，2009年

第 12 章 | 人材育成の場としての 博物館

　本章では博物館と人材育成について学ぶ。博物館は学芸員実習生の受け入れやインターンシップ等を通して博物館の人材養成に深く関わっている。しかしながら，我が国の学芸員養成やインターンシップのあり方に関しては問題点もあり，改善が求められる。また，シドニー現代美術館の事例を挙げながら，今日の博物館では若い世代に向けた活動が求められていることを説明する。

キーワード | 博物館実習　見学実習　館園実習　インターンシップ　「シドニー現代美術館 青年の会」

第1節　学芸員養成の場としての博物館

　我が国では学芸員が博物館で働く専門職として広く認知されている。博物館法によれば学芸員の資格を獲得するには（1）学士の学位を有する者で，大学において文部科学省令で定める博物館に関する科目の単位を修得したもの（2）大学に 2 年以上在学し，前号の博物館に関する科目の単位も含めて62単位以上を修得したもので，3 年以上学芸員補の職にあったもの（3）文部科学大臣が，文部科学省令で定めるところにより，前二号に掲げる者と同等以上の学力および経験を有すると認めたもののいずれかに該当することが求められる。

　こうした学芸員養成の教育カリキュラムのなかで，博物館との関わりがあ

るのは「博物館実習」であろう[1]。学芸員資格課程科目の「博物館実習」では，学内実習の一環として博物館施設の見学を行う「見学実習」と博物館での実体験を行う「館園実習」がある。

「見学実習」とは大学の博物館関係科目を担当する教員が履修生を国立，公立，私立等の複数の博物館に引率し，学芸員などの博物館スタッフからレクチャーを受けバックヤード部分等の見学を行う実習を指す。「館園実習」とは履修生（実習生）が博物館等で実習を行う活動である。

「見学実習」では前述したように履修生が「博物館の運営実態を学ぶ」という目的で博物館等の見学を行う。従って，大学の教員等から「見学実習」の依頼を受けた博物館スタッフは館概要，沿革，組織，運営，入館者数などの館の運営についての説明を行い事務室，研究室，収蔵庫，機械室などのバックヤード部分の案内をすることが望ましい。見学にかかる経費負担等は受益者である履修生（大学側）が負担する。

「見学実習」の実施は，大学の担当教員と受け入れ先の博物館スタッフとの信頼関係のもとで行われている。従って，「博物館実習」の科目を担当する教員は「見学実習」の実施にあたり，実習参加予定の履修生に事前指導を徹底し，見学先の博物館に迷惑をかけないようにくれぐれも配慮しなければならない（このことは後に述べる館園実習も同じ）。可能ならば「見学実習」の実施にあたり，引率教員が訪問先の博物館を事前に訪問し，現場の下見と博物館スタッフとの事前調整を行うことが望ましい。

「見学実習」を行う難しさは時間調整にある。大学側は大学の学事日程や学生の事情を考えながら，訪問希望日時を博物館に打診するが，博物館側のスケジュールで対応が難しいときもある。特に，大学側は授業が行われない夏期休暇に「見学実習」（もしくは館園実習）を博物館側に依頼することが多々あるが，この時期は夏休み中の集客をみこんで博物館側もイベントや教育活動等で多忙である。このような繁忙期に収蔵庫等も含むバックヤード部分の見学の依頼に応じることは博物館側の負担になってしまうこともある。

次に「館園実習」について述べる。これは大学で博物館に関する基礎的な知識や技術を習得した履修生が実際に博物館，動物園などで実務体験を行う活動のことである。履修生の具体的な業務内容は実習先の博物館，動物園な

どの意向に応じたものになるが，『博物館実習ガイドライン』（文部科学省，2009）は学芸員の業務を中心に博物館の業務の多様性を認識できるような体験を与えるように推奨している。その具体例として，

(1) 学芸業務の実際（展示作業，資料整理，教育普及事業の実施，調査の実施，広報活動等の業務の補助）
(2) 資料の受け入れから展示活動まで（業務の流れに即して，具体的な実務を体験する）
(3) 館の施設設備と学芸業務以外の実務（受付，監視，保守点検，博物館ボランティア）

の活動体験を挙げている。

　玉川大学教育博物館では履修生（ここでは博物館学芸員資格取得を目指す学部学生を意味する）の学事日程と重ならないように8月から9月の夏期休暇中に館務実習生の受け入れを行っている。具体的にはバックヤード部分も含めた館内見学，資料受入整理手続演習，展示活動および展示撤収活動体験，写真撮影，資料クリーニング・補修等の体験を行っている。玉川大学教育博物館では実施していないが，「館園実習」の履修生を受け入れている博物館のなかには，履修生に来館者対応や展示企画を体験させている館もあるようである。

　履修生が博物館実務に触れるという意味で「館園実習」の教育的活動の意義は大きい。しかし，「館園実習」における履修生の受け入れは「見学実習」以上に博物館側に過重な負担となることもある。また，博物館の業務は多岐にわたっており，多くが専門的な知識や体験を必要とするものであるから，数日間の実習体験では身につけることができないような知識や技術がほとんどである。特に，最近の博物館では個々のスタッフの専門性が強調されるようになっており，学芸員志望者は博物館実習に加えて次節で述べるインターンシップのようなより長期の博物館での実習体験を行うことが望ましい。

　前述したように，現在のところ多くの大学において実習の受け入れは大学側の担当教員と受け入れ側の博物館側の信頼関係，別ないい方をすれば博物館実習担当教員と博物館側のコネクションのようなもので成りたっているようであるが，大学と博物館との間によりシステム化された関係が構築されて

もよい。博物館の実習の受け入れにあたっては，何らかのシステム化された制度（例えば地域の博物館と大学が実習生の受け入れに関する協定を結び，履修生の博物館の受け入れを安定的にする等）を構築して，学芸員資格志望の学生が実習先を見つけられないという事態に陥らないように配慮することが求められる。

第2節　インターンシップ

　博物館は，博物館実習やインターン，アルバイト等の受け入れを通して，人材養成にも関わっている。博物館実習は，先にもあげたとおり，博物館法に基づいて学芸員資格を取得するために実施される。内容は，文部科学省の提示する「博物館実習ガイドライン」に沿う。インターンは，「職業体験」「就労体験」ともいい，館によってその方針や内容は異なる。また，小・中・高等学校では「キャリア教育」の一環として扱われ，仕事そのものや社会体験に重点をおいた体験を学校から博物館に依頼し実施する。

　博物館によって受け入れ状況は異なる。例えば，国公立博物館では，学芸員資格取得を目指す人を対象に公的に受け入れているケースがほとんどである一方，私立や企業博物館では，公的受け入れのむずかしいケースがある。特に博物館実習は，博物館に過度の負担がかかりやすく，さらなる見直しが必要となっている。しかし，学芸員をはじめ，博物館に関係する人材を育成する必要はあり，また，人材育成の活動を通して博物館全体の質の向上や問題発見・解決につながるメリットもあるため，多くの博物館は何らかの形で人材養成とかかわっている。

　たとえば，企業博物館である森美術館では，美術館の職員は，森ビル株式会社のアート専門職として採用され，美術館は，企業の一事業として運営されている。この場合，社会教育施設として機能するほか民間企業としてもインターンを受け入れているが，国公立の博物館のように大学と連携した美術館でのインターン受け入れは行っていない。一方で森美術館は，香港芸術発展局との提携により，国際インターンシッププログラムを展開している。こ

れまでに展覧会企画業務に携わった経験があり，英語でのコミュニケーションが可能であること等が受け入れ条件にある。このプログラムは，３か月ないしは６か月，日本に滞在し，準備中の展覧会のためのリサーチをしたり，開催中の展覧会関連のラーニング・プログラムを補佐したりする。また，香港のアートシーンの実情を森美術館のスタッフに伝える一方，東京都内をはじめ，日本国内の芸術文化機関を訪問し香港とのネットワークを構築していく役割も担っている。このインターンシップの特徴は，これから資格取得を目指す人を対象としているわけではなく，ある程度の実務経験があり，その経験を活かしながら，さらに専門性を深めていく過程にある人を対象とした国際的な人材育成である。また，アシスタントとしてアルバイト（大学院生も含む）の採用もしている。展示・制作グループに所属し，展示制作，図録制作，ラーニング・プログラム等の運営に携わる。アルバイトといっても毎日出勤するため，学生の場合は出勤時間を確保する必要がある。また，英語は会話ができるだけでなく，書類作成ができる程度必要だ。言い換えれば，即戦力になるような人たちがアシスタントとして採用されている。

　加えて，森美術館では，15〜22歳を対象に「アート・キャンプ」を実施している。定員制で，毎回テーマが設けられ，アーティストやキュレーターとともに「現代アート」について語りあうプログラムである。プログラム中のいろいろな活動の中で繰り広げられる対話を通して，身の回りや歴史上の出来事，現在の社会的，あるいは政治的，文化的な事象との関連性について考え，参加者個人の意欲をかき立てることを課題としている。参加者には，美術館の勤務や表現者への道を目指すキャリア決定のきっかけとなっているようだ。

　このような人材養成の活動は，一企業の方針を体現化しており，国公立博物館が実施している人材養成のあり方とはまた別の形で展開されている。私立や企業博物館での博物館実習やインターンシップ等の実務経験の機会情報はインターネット上で公募されることが多く，希望する場合は，希望者自身が情報収集し，自らアプローチしていくことが求められる。そして，私立や企業博物館に限らず，学芸員を目指すのであれば，英語能力は必須である。流暢でなくとも，他者の話を理解し，自分で動ける，いわゆるコミュニケー

ション力に加え，海外のことを知識として知っていること，それらに関して敏感であり話題にできることも求められている。

　博物館実習やインターンの受け入れについて博物館は，館の存在意義や運営の実際を考えた場合，はたしてどのような受け入れをすべきか，受け入れ自体をすべきなのかどうかを議論しなければならない。そして，受け入れた場合，参加者に何を体験として届けられるか，そのためにはどのような取り組みが必要か，を確認し続ける必要がある。博物館実習やインターンは，学芸員を目指す者がそのスキルを体験的に身につけていく機会である。しかし，スキルを身につけるだけではなく，時代にあった活動を意識しなければならない。博物館で資料や職員と出会い，体験によって何を考え，どのように行動するかを考えることは体験者にも博物館側にも求められる。特に人との協働が重視される昨今においては，人とのネットワークづくりが要となり，誰と出会い，何をするか，も問われてくる。博物館実習やインターン，その他のプログラムを含む博物館の人材養成に関わる取り組みに参加する者の多くは学生である。学生の時期はありとあらゆる可能性を探り，試し，自分の思考や発言に自信をつける時期でもあるため，館として参加者個人の意欲を高められる取り組みを用意する必要もある。

第3節　ティーンエイジャーに向けての活動

　博物館が今後も発展していくことを望むならば，博物館は未来の社会を担う子どもや若者に「芸術活動の楽しさ」や「博物館の魅力」を伝える活動を行っていくことが求められる。かつて博物館は学術研究や文化的活動が行われる「大人の場所」であり，博物館に関わりたい若者はこうした博物館文化に従うことがあたりまえのようにみなされてきた。しかし，今や博物館側が若者の文化的趣向や興味・関心に注目した活動を模索するようになった。博物館も若者の支持なくして博物館の将来もない，という意識をもちはじめたともいえる。本節ではオーストラリアのシドニー現代美術館（Museum Contemporary Art）のティーンエイジャーを対象にした活動を紹介しつつ，こ

の問題を考える。

　シドニー現代美術館には「シドニー現代美術館 青年の会」（MCA Youth Committee）という名称の会があり，13歳から17歳までのティーンエイジャーが Young Creative Coordinator という専門職の指導のもとで美術館を利用した活動を行っている。この会は年次ごとに組織されているため，年間を通して参加の若者たちは美術館を活用した様々な活動を体験する。例えば，ギャラリートーク体験，ワークショップ活動支援，マーケティング，プレスリリースに関する活動などである。こうした「シドニー現代美術館 青年の会」の活動の中心となるのが Genext（この言葉は「次世代」を意味する Generation Next から由来している）と呼ばれるイベントの企画と運営だ。Genext という題名が示しているように，このイベントは12歳から18歳のティーンエイジャーを対象にしたもので，「シドニー現代美術館 青年の会」の若者たちが中心になって美術館とティーンエイジャーたちをつなぐ楽しい催しを考える。イベントはシドニー現代美術館を会場として行われ，美術館所蔵の資料が用いられることもある。これまでに行われたイベントとしては作品制作のワークショップ，ギャラリーでのダンス，音楽の演奏，パーティーなどがあり，ティーンエイジャーの興味・関心，文化的趣向がイベントに活かされている。

Genext のイベント風景

　Young Creative Coordinator と呼ばれる博物館専門職の指導のもとで，「シドニー現代美術館 青年の会」の参加者は周到な準備を行う。彼らは少なくとも毎月１回は Genext に向けた定例会を開催する。そして，自分たちの企画する Genext の具体的内容のアイディア出しから始まり，ブレーンストーミング，プラニング，役割分担などを行う。一連の活動における Young Creative Coordinator の役割はとても重要である。参加の若者たちはすべてティーンエイジャーなので美術館の業務経験はもちろんないし，人生経験も豊かでない。参加者同士で意見が割れることもある。このような場合に，Young Creative Coordinator が意見を調整し助言を行うのである。例えば，若

者たちが展示室を利用した活動を行いたいと考えたときに，彼らの活動が可能か学芸員等の専門職の意見を調整し，それを若者に伝える役割を果たす。

　イベントの開催にあたり，プラニング，草案づくり，予算組み，マーケティング，プログラム作成，リーフレットの制作，写真撮影などいろいろな業務は「シドニー現代美術館 青年の会」参加の若者たちが担当する。彼らは自らの特技，興味，関心，進路などに合わせて自分の分担作業を行う。こうしたグループ活動に拠る作業を通して，参加者たちは芸術活動や博物館に親しむだけでなく，セルフ・エスティーム，責任感，他者と協力する技や忍耐力など基本的な「生きる力」を習得している。

　「シドニー現代美術館 青年の会」の参加費は無料だが，誰でもすぐにメンバーになれるわけではない。この会の入会志願者は「志願書」の提出と面接を受け，合格した者が会員になる。「志願書」には住所等の個人情報の記述と保護者からの同意書の提出と並び，「『シドニー現代美術館 青年の会』のメンバーになったと仮定して，美術館を活用して，他の若者たちに美術，文化やクリエイティビティーに関心をもたせるにはどうすればよいか 3 例挙げなさい」あるいは「シドニー現代美術館の創造的なプログラムに若者が関わることがどうして重要だと考えますか」といった設問に自分なりの見解を書かなければならない。

　ティーンエイジャーたちに美術館の施設や資料を活用した体系的な教育プログラムを提供しているシドニー現代美術館の事例は非常に興味深い。ティーンエイジャーを対象としたプロジェクト型の活動は我が国でも多様な形で行われているかもしれないが，美術館が主体になりティーンエイジャーの参加者を集めて，年度を区切って活動する体系的な教育プログラムは，現段階ではあまり例がない。こうした体系的な教育プログラムを体験したティーンエイジャーたちは，学芸員や博物館スタッフにならないにしても，博物館あるいは芸術活動に対する理解者になる可能性は高いのではないか。こうした意味においても，博物館が博学連携とは別にティーンエイジャーに対する活動を行うことには意義があると考える。

学習課題　(1)「博物館実習」の現状と課題をまとめましょう。

(2)「インターンシップ」の現状と課題をまとめましょう。

参考文献　・片岡真実他編『森美術館活動記録2013—2018』森美術館，2018年

註　1）博物館実習の内容の説明は主として2009（平成21）年4月に文部科学省より刊行された『博物館実習ガイドライン』によっている。

第 13 章 | 多文化共生社会と博物館教育

　グローバル化が進み，外国人労働者の受け入れが議論されるなか，これからの課題は多文化共生社会の形成にある。博物館では多文化共生社会に向けた博物館教育活動に取り組んでいるが課題も多い，

キーワード | 多文化共生社会　ESOL　日本語教育　VTS　博物館と倫理的主題　宗教と表現の自由の関係

第1節　多文化共生社会と博物館教育

　今日の日本は既に多文化社会であるといってよいだろう。2021（令和3）年3月21日に発表された出入国在留管理庁の統計によれば，2020（令和2）年末における在留外国人数は288万7,116名である。在留資格としては永住者80万7,517名，技能実習生37万8,200名，特別永住者30万4,430名，技術・人文知識・国際業務28万3,380名，留学28万901名となっている。国別では中国が最も多く77万8,112名，ベトナムが44万8,053名，韓国が42万6,908名，アジア以外の国ではブラジルが20万8,538名，アメリカ合衆国が5万5,761名である。こうした多種多様な文化的な背景をもつ人々とどのように共生していくかが，今後の日本社会の課題であろう。

　最近の在留外国人の内訳の傾向として，外国人技能実習者の増加が著しい。外国人技能実習生とは日本の技能，技術，知識等を学び出身国の発展に寄与することを目的とした人のことを指す。しかし，外国人技能実習生は一定期

間，日本で生活し，製造業，農業，建設業，介護などの現場で技能，技術，知識等を学ぶため，こうした産業を実質的に支え，日本社会と深く関わっている人でもある。人口減少や少子高齢化社会が加速するにつれて，今後は外国からの移民や外国人労働者のより積極的な受け入れがはじまるかもしれない。外国人がこれまで以上に増える社会になると，地域社会も変容を迫られる。この様な社会では従来通りの公共サービスで事足りるわけはなく，長期滞在の外国人に向けた施策やサービスが必要になる。

　日本の博物館では，既に外国人向けの様々な教育活動やサービスが行われている。パンフレットの多言語表記，外国語によるギャラリートーク，展示資料を通した日本文化の紹介などがそれにあたる。しかし，それらは主として外国人観光客を対象としたものであり，外国人技能実習生をはじめとする長期滞在者を目的としていない。日本の博物館は一方では今後も外国人観光客を対象とした教育活動やサービスを拡充していくことが望まれるが，外国人技能実習生，外国人労働者，移民といった人々を対象として何ができるか考える時期にきている。

　日本で暮らす外国人，特に技能実習生など，日本で仕事をする人々にとって重要なことは日本語の習得である。同時に日本の歴史，文化，法制度，生活習慣の理解も必要とされる。従って，こうした人々を対象にした博物館教育活動を企画する場合，外国語で行う必然性はない。むしろ，博物館教育活動を日本語で行い，日本社会に親しんでもらう方がメリットは大きい。

　既に多文化社会が進展している英国では外国人向けの英語教育や英国の制度，歴史，文化を教える教育プログラムが充実している。なかでも英語を母国語としない人々を対象にした「第二言語としての英語学習講座」（English for Speakers of Other Languages，略称 ESOL）は外国人の英語学習プログラムとして広く活用されており，博物館はこうした ESOL 活動の場として活用されている。博物館を活用した ESOL の学習活動は大英博物館，ヴィクトリア＆アルバート博物館やロンドン博物館などの多くのミュージアムでも実践されており，国などの公的機関のサポートもある。ESOL 学習を対象とした教育活動を行っている博物館では，教員向けの「利用の手引き」や学習者向けワークシートのサンプルなどを制作してウェブサイトで公開している。

博物館での ESOL 活動の方法は多様で，ワークシートを利用した展示見学のプログラムもあれば，博物館に関するテーマをもとにディスカッションを行うプログラムもある。「博物館は何のためにあるのか」とか「ヨーロッパの博物館は他の国から，今日的な基準では不法な手段によって取得した資料を返還するべきか」といったトピックを与えることにより，学習者はお互いに意見を出しあって一つのトピックに対して様々な考え方や価値観があることを学ぶ。また，これらの意見の根拠も学んでいく。

例えば「ヨーロッパの博物館は他の国で，今日的な基準では不法な手段によって取得した貴重な資料を返還するべきか」というトピックには「資料を返却するべき」という意見と「資料を返却しなくてもよい」という意見があるが，これらの二つの意見の根拠となる考え方も示す。例えば「資料を返却するべき」という肯定側の意見の根拠となる考え方としては，ギリシアのパルテノン神殿を飾ったエルギン・マーブルがどのようなプロセスを経てギリシアから英国に持ちこまれたかを知らせ，「資料は返還しないでもよい」という否定側の意見の根拠としては，英国のもつ資料保存の技術の高さやこれまでに資料保存のために英国が費やしてきた努力について伝える。

日本では，まだ英国の ESOL 活動のような日本語や日本文化の知識の習得を目的としたシステム化された博物館教育活動はないようであるが，日本社会における多文化共生社会を目的とした取り組みは行われている。ここでは，その事例として二つ紹介したい。一つは玉川大学教育博物館における留学生に向けた大学生による博物館案内であり，もう一つは多摩六都科学館で行われた「地域と協働した博物館創造活動支援事業」プロジェクトである。

第2節 「日本語教育法」の授業における 博物館を利用した教育活動

玉川大学で開講されている「日本語教育法」の授業の一環として博物館を利用した教育活動がある。この活動は「日本語教育法」を履修する大学生が玉川大学を訪問した外国（ドイツ，台湾）からの短期留学生に博物館に展示

されている日本教育史関係資料を数点選び，日本語で解説するという実習である。この教育活動の目的は三つある。

一つは履修生の日本語教育能力の資質向上である。これは「日本語教育法」の授業のねらいであり，直接の学修目的である。履修生は実習活動を通して外国人に日本語を教えることの楽しさや難しさを体験する。また，留学生の案内にあたり，案内原稿や留学生の日本語学習の教材（博物館の展示資料を用いたワークシートなど）を作成する。

二つは履修生自身が博物館での学びを通して，日本の歴史や文化に対する理解を深めることである。履修生は案内原稿や留学生向け教材を作成するため，事前に教育博物館に来館して，展示資料を見学し，資料の内容を理解する。必要に応じて，大学図書館などを利用して，展示資料のさらなる調査も行う。玉川大学教育博物館は近現代の日本教育史関係の資料が多く展示されているため，履修生が資料の理解を深めることは履修生自身が日本史や日本文化に対する理解を深めることになる。日本語教員は語学さえ教えることができればよいというものではない。外国人に対する優れた語学教員は，語学教授のための技術はもちろん，日本の歴史や慣習，文化的背景などもおさえなくてはならない。

展示室での履修生の学び

三つは履修生が留学生へ教育活動を行うことにより，外国人とふれあい，彼らの存在や文化に対する敬意をもつことにある。

この講義の履修生は留学生に日本語での博物館案内をする前に，指導教員に引率されて博物館に1回から2回来館する。そこで，学芸員から展示全体の説明を聴いたあと，数人ずつのグループに分かれる。博物館学芸員の指導

台湾の留学生に説明する履修生

のもとで，まず行うことは留学生に説明する展示資料の選定である。あたり前のことではあるが，留学生を対象とした教育活動を行う場合，留学生が楽しんで満足してもらえなければ意味がない。そのため，説明する資料の選定が重要になる。

　また，展示資料のなかには説明が難しいものもある。このような資料も，日本語教員としての経験がない履修生が留学生に満足のいくように説明することは難しいであろう。つまり，外国人が興味をもち，資料の説明，解説が比較的容易なものが解説資料としてふさわしいことになる。

　日本教育史関係の資料でいえば，明治の教育現場で使われた石板，掛図，文房具や挿絵の入った国定教科書などがそれにあたる。日本語教育法の学習をはじめたばかりの学生が，長い説明を要するものや政治的，文化的論争をまねくような資料を留学生用の説明資料として選ぶことはあまりない。もちろん，あえて論争を招くような資料を題材にして，お互いの文化理解を深める方法もあるが，それには資料に対する専門知識と高度な指導技術が必要となることはいうまでもない。

　履修生の資料理解をサポートするのが博物館スタッフの仕事である。履修生に資料を理解してもらう最も容易な手法は展示資料の説明を行うことである。しかし，こうした方法は履修生が自ら資料を「調べて学ぶ」という活動をしないため，学びの方法としてはあまり好ましいとはいえない。時間等の制約がなければ，履修生には選定した資料の関連図書や資料のことが説明されているウェブページなどを教え，自力で資料理解ができるようにサポートするにとどめた方がよい場合もある。また，必要に応じて，資料を収蔵庫や展示ケースから取り出して間近で観察する機会を設けて，履修生の関心を高める取り組みを行う。

　留学生に説明する資料を決め，資料理解を深めた履修生は，留学生を案内するための原稿を作成する。その際に，説明原稿をなるべく分かりやすい日本語におきかえる。同時に留学生向けのワークシートの制作も行う。その成果をふまえ，外国からの留学生を対象とした展示室案内の活動を二回，それぞれ一時間程かけて行っている。博物館の展示資料を日本語で行うという体験を積んだ履修生は留学生の案内を通して，日本の文化や歴史を見直すこと

にもなり，より深い立場から，多文化共生社会に向かいつつある我が国の課題を考えるように成長する。

第3節　「地域と協働した博物館創造活動支援事業」プロジェクト

　多摩六都科学館を管理運営する小平市，東村山市，清瀬市，東久留米市，西東京市は外国人居住者が増加傾向にあり，外国人技能実習生を受け入れている企業もある。このような事情もあり，この科学館は文化庁芸術振興費補助金「地域と協働した博物館創造活動支援事業」の助成を受け，2019（平成31）年から2020（令和2）年まで「地域と協働した博物館創造活動支援事業」を展開した。このプロジェクトの一環として日本語を母国語としない人を対象とした広報活動と教育活動が行われた。

　広報活動としては「やさしい日本語」によるウェブページが公開された。このウェブページでは使われている文字数が少なく，漢字やカタカナにはルビを振るなどの工夫がされた。「やさしい日本語」のウェブページのコンテンツは「ご利用案内」「プラネタリウム」「館内ガイド」「アクセス」の4つで，英語や中国語による博物館案内のページにもアクセスしやすい工夫がされている。

　教育活動としては「科学館の絵本をつくろう」「やさしい日本語でプラネタリウムを楽しもう」の二つのプログラムが企画，実践された。

「やさしい日本語でプラネタリウムをたのしもう」の表紙
（資料提供：多摩六都科学館）

「科学館の絵本をつくろう」プログラムは親子を対象としたプログラムで，所要時間は2時間30分である。このプログラムは主として三つの活動から成る。

一つは展示を見学したあとに，展示物を題材とした物語の作成である。参加者は科学館の資料に親しんだあとに，自分のお気に入りの資料に関連した物語を日本語で構成する。

二つは自分が創作したストーリーを「ピッケのつくる絵本」というiPadアプリケーションソフトを使ってデジタル絵本化する作業である。デジタル絵本化されたデータはプリンターで出力され，紙媒体のミニ絵本の完成となる。

三つは自分のストーリーの音声録音である。この教育プログラムでは科学館の展示見学，日本語によるストーリー作成，iPad端末の操作という三つのプロセスを経ることにより，科学館体験と日本語学習という一見すると噛み合わない学習ができるように工夫されている。

もう一つの「やさしい日本語でプラネタリウムを楽しもう」という教育プログラムは対話型鑑賞手法を取り入れたプラネタリウムの鑑賞である。星空観察をやさしい日本語で行う外国人向けの教育プログラムである。

以上，玉川大学教育博物館と多摩六都科学館の事例を通して，博物館が多文化共生社会にどのように向き合おうとしているのか紹介した。しかしながら，これからの博物館，特に地域博物館は，ここで挙げられている事例よりも，在留外国人の生活により密着した博物館教育活動やサービスが求められる。例えば，地域の外国人技能実習生を対象とし，外国人技能実習生の派遣先企業やその自治体を包含した活動を企画してもよいだろうし，多摩六都科学館のような総合科学館であれば展示や所蔵資料を用いて在留外国人に地震や台風，健康に関する啓発活動を行ってもよい。

博物館（特に地域博物館）は外国人

日本語プラネタリウムの参加者たち
（写真提供：多摩六都科学館）

を受け入れ，共生するための教育活動やサービスを提供するためのハブ（HUB）としての機能が求められるようになる。特に多摩六都科学館のような地方自治体が運営管理の主体になっている場合は，自治体の他のサービスとの連携もはかりやすい。

第4節　絵画を利用した活動

　アメリカ合衆国の美術館では，多文化共生社会を前提としたうえで，絵画を中心とした芸術作品を利用した教育活動が行われている。これは VTS（Visual Thinking Strategy）と呼ばれる教育手法である。VTS はマサチューセッツ芸術大学教授のアベゲイル・ハウゼンとニューヨーク近代美術館のフィリップ・ヤノウィンによって開発された。VTS 活動の目的は学習者のクリティカル・シンキング（批評力あるいは批判的思考力と訳すこともできるかもしれないが，こうした訳語では原語の本来の意味を表すことはできないと考え，クリティカル・シンキングと原語をカタカナで表記する）能力を醸成することにある。より具体的にいえば，学習者は絵画を中心とした特定の美術資料を観察した後に，何が起こっているのかを理由をつけて論理的に説明することを訓練する。

VTS 技法を用いた鑑賞（写真提供：イザベラ・スチュワート・ガードナー美術館）

　VTS 技法を用いた学習活動のポイントは七つある。一つめは「観察」（Observing）である。「画面の雲が赤いようだから夕暮れ時ではないか」とい

VTS 技法を用いた鑑賞（写真提供：イザベラ・スチュワート・ガードナー美術館）

うように，作品を観察して分かることをそのまま述べるのである。二つめは「解釈」（Interpreting）である。学習者は作品観察から分かることを推論する。「一人の女性が殺されて埋葬されている。この絵に描かれた全ての人は悲しいのだろう。一人の人は泣いているよ」といったように作品を読み取り，自分の考えを表す。三つめは「評価」（Evaluating）である。作品に関する意見を率直に表現する。四つめは「連想」（Associating）である。作品を理解する方法として，自分が知っていることや体験と結びつけて考えることを指す。五つめは「問題探し」（Problem Finding）である。作品を観察して分からない点や面白いと感じた点から問題を探すことを指す。「ぼくたちは自分のコートに貝殻を付けていないのに，絵の右側に描かれている人はなぜ貝殻を付けたコートを着ているのかな」といった疑問がこれにあたる。六つめは「比較」（Comparing）で，作品を観察して相違点を探ることである。「この人たちは似ているけど違うところもあるね。一人は長髪で，もう一人は短髪だ。身に着けている甲冑も違う。多分，民俗も部族も違うのではないかな」といった表現である。七つめが「柔軟思考」（Flexible Thinking）である。これは多様な解釈が可能なことを示唆する発言である。「髪を結んでいるところから，彼女はメイドかもしれない。でも彼女の着ているものをみるとメイドではないかもしれないな」といった発言である[1]。教員はこの七つのポイントをおさえながら，VTS プログラムの参加者に美術資料の観察を促し，クリティカル・シンキングの力を醸成する。

　アメリカ合衆国では VTS を用いた教育手法がマイノリティの人々への教育手法として注目をあびている。ボストンのイザベラ・スチュワート・ガードナー美術館はマイノリティの生徒が多く通う近隣の学校とスクール・パートナーシップを組み，VTS 技法の改良に努めている。VTS がマイノリティの人々の学習にふさわしい理由は三つあると考えられる。

　まず，この方法が楽しいことだ。美術用語や美術史的観点からの専門的なギャラリートークではこうした学習者たちは退屈してしまう可能性が高い。特に，これまで美術史的な理解も乏しく，美術館を訪れることに慣れていない人々がこうしたギャラリートークに即座に親しむとは考えにくい。その点，VTS を用いた学習では，学習者が発見したことや考えたことを自由に発言

することが許される。VTSの学びではファシリテーター（VTSでは学習者の気づきを促進し，その気づきを上手く表現するように促すという意味から指導役をファシリテーターと呼ぶ）も学習者の発言を良く聴いて，ポジティブなコメントをしてくれる。VTSの活動を通してこれまであまり美術館を訪れたことのない学習者でも芸術作品を「自由」に観察し，リラックスした気分になるかもしれない。こうした楽しい体験を通して，学習者のなかに美術作品や美術館に親しみを覚える人が出てくる可能性もある。

　第二に学習者は美術資料を見て読み取ったことを相手に論理的に伝えるように促されるので，語学やコミュニケーション能力の向上につながる。

　第三は思考力の発展である。学習者は美術資料をじっくり観察して何が起こっているか考える。また，同じ作品を観察しても，自分と他者の発見や解釈が異なることを学ぶ。そして，たとえ自分の解釈と他者の解釈が異なっていても，他者の意見に敬意を払う姿勢を学ぶ。民主主義ではない社会から移住した学習者のなかには「自分で考える」ことや「自分と他人の意見が違ったとしても，他人が自分と異なることを発言する権利を尊重する」ことに慣れていない文化で育った者もいるかもしれないが，VTSはこうした人々を民主主義的な考え方に導くのに効果的なのである。

　ニューヨーク近代美術館のエデュケーターをしていたアメリア・アレナスが「対話型鑑賞教育」（Visual Thinking Curriculum）を日本の美術館や日本の美術関係者に伝えたことも影響してVTSの考え方は我が国でもかなり受容されている。2010年にはイザベラ・スチュワート・ガードナー美術館の教育普及担当者，マーガレット・バーチュネルが湘南国際村センターで開かれた「21世紀ミュージアム・サミット」でVTSの講演を行った。VTSの考え方を取り入れた鑑賞教育を実践している我が国の美術館もある。

第5節　博物館と倫理的主題

　博物館の展示や教育活動で人によって解釈の異なる倫理的主題を取り上げると，ときとして論争を招いてしまうことがある。一つの事例を挙げてみよ

う。太平洋戦争終結50周年を記念して，ワシントンのスミソニアン航空宇宙博物館でエノラ・ゲイの展示の計画があった。このときに被爆者の写真などを展示する予定があったが，アメリカ退役軍人らが抗議を行い，展示が大幅に変更されてしまった。この事例は博物館で倫理的あるいは人によって解釈の異なる展示やそれに付帯する教育活動を行うことの難しさを語っている。

　このように博物館が倫理的主題あるいは政治的な問題など論争を招くテーマで展示活動や教育活動を行うには覚悟がいる。批判を受けたり，論争に巻き込まれたりする可能性も高い。しかし，博物館学者であるスペンサー・クルーは博物館教育の概説書，*The Manual of Museum Learning* のなかで，カナダとオーストラリアで行った調査の結果，70パーセントの来館者が博物館で論争的な主題を取り扱ってほしいと考えていることを報告している。また，博物館が倫理的主題や政治的な問題といった難しいテーマに向き合うことにより，来館した多くの人々がそのテーマに対する興味や関心を高める効果が期待できる。

　スミソニアン航空宇宙博物館のエノラ・ゲイの展示においても，オリジナルの展示計画は挫折したが，一連の騒動は日米の報道機関に報道され，高い関心が寄せられた。マサチューセッツ工科大学のジョン・ダワー教授のように，「スミソニアン博物館の役割はアメリカの行ってきたことを賞賛，美化，栄光化するだけになってしまっている。……アメリカは批判的に考えることができる国であるということに，もっと自信をもつべきだ」とスミソニアン航空宇宙博物館のエノラ・ゲイの展示の事例を通して国のあり方を批判的に問う識者も現れるようになる。このような意味で一般の博物館が人によって解釈の分かれる倫理的なテーマの活動に取り組むことは，リスクはあるものの，意義のある取り組みであるといえよう。

　博物館のなかには明確なビジョンや理念を掲げ，それに基づいて展示や教育活動を行う館もある。ホロコースト・ミュージアムなどがその典型である。

　では，ホロコースト博物館の事例について考えてみよう。本書で述べるホロコーストとはナチスドイツによるユダヤ人虐殺の歴史的事実を指す。世界にはホロコーストの記録を残し，二度とこうした悲劇を起こさないようにするため，数多くのホロコースト博物館がある。ホロコースト博物館の教育活

動は展示やワークシート，教育リソースなど他の博物館の教育活動と類似した活動を行っているが，ホロコースト体験者が講演会やギャラリートークなどの形で博物館教育活動に関わりをもっている点が特徴的である。こうした体験者たちは「ホロコーストの事実を次世代に伝える」という使命感をもって活動にあたっている。

　しかしながら，第二次世界大戦が終結して多年が経過した現在，ホロコースト体験者も逝去あるいは老齢に達しており，体験者による教育活動の継続自体が危ぶまれるようになった。そのためホロコースト博物館では，これからの体験者による教育活動をどのように継続するかが課題になっており，既に取り組みをはじめている館もある。例えば，オーストラリアのシドニー・ユダヤ人博物館では，将来における博物館の専門ガイド養成を目的とした「次世代プログラム」（Generation to generation）を始めている。このプログラムで，受講者はホロコーストの事実や歴史，ホロコースト教育の意義，今日の反ユダヤ主義運動の動きなどホロコーストに関する知識を体系的に学び理解を深めると共に，館内で活動しているホロコースト体験者からマンツーマンで指導を受け，ホロコーストの記憶を来館者に伝えていく技術を学んでいる。

　ホロコースト博物館のように明確なビジョンと理念をもった博物館教育はハインが『博物館で学ぶ』で唱導している構成主義に依拠した博物館教育ではない。ハインは構成主義者の考える教育は，学習者によって到達される結論が妥当であるかどうかは，結論が一般的に真実とされることと一致しているかどうかではなく，学習者が築いた現実の範囲内で彼らにとって「意味をなす」かが重要であると述べている。つまり，構成主義者は博物館の活動を通して，見る人に各方面からの観点を提供し，資料の多様な解釈を認め，提供された資料に関して異なる見方を認めることを目的としている。実際にハイン自身が自著『博物館で学ぶ』の著作のなかで報告しているように，ホロコースト博物館を訪れたキリスト教原理主義者のなかには，展示を見てユダヤ人がイエス・キリストを救世主として受け入れなかったために罰を受けたのだという見解をもった人もいたそうである[2]。こうした方法でナチス・ドイツによるホロコーストの歴史を説明することはできない。

　従って，どのような理論に基づいて展示や博物館教育活動を組み立てるか

は個々の博物館のもつビジョンや特性によるのであり，全ての博物館が一様に共通の博物館教育理論を信奉する必要はない。実在論に基づく解説的な教育理論を基にした博物館教育プログラムの実践が適している博物館もあれば，観念論に基づく構成主義をベースにした活動の方が来館者の興味，関心を惹く場合もある。

第6節　多文化共生社会において博物館が配慮すべきこと

　最後に多文化共生社会において博物館が配慮するべき点について考えてみよう。多文化共生社会とは民族，宗教，文化，生活習慣が異なる複数の集団が共生していく社会のことを指す。そのため，多文化共生社会における博物館は近代の博物館のように国家が主導する思想や価値観の教示を目的とした展示や教育活動を行うのではなく，複数の見方を可能な限り取り入れることが望ましい。例えば，太平洋戦争期における空襲の展示を行うにしても，被害者である市民の立場だけで展示を構成するのではなく，被害者にしても市民，日本軍人，当時の日本に在留していた外国人など複数の立場の視点を加え，場合によっては加害者であるアメリカ人の立場も加えた方が良い。

　また特定の民族や宗教の揶揄や価値を貶めるような活動は行うべきではない。誰しも自分の信じている宗教や所属しているコミュニティーが博物館などの公的な場で侮蔑されていれば不快になるからだ。

　日本の場合，特に美術館など芸術家の作品を展示する博物館では「表現の自由」が強調されて，様々な宗教，文化に対する配慮を欠いている傾向がある。このことは国際博物館会議（ICOM）職業倫理規定（2004年度改訂版）と2017（平成29）年に全国美術館会議で採択された「美術館の原則と美術館関係者の行動指針」の内容を比較すればわかる。国際博物館会議（ICOM）職業倫理規定の4.3には「遺骸および神聖な意味のある資料は，専門的な基準に従った方法で，知られている場合はそれらの資料が由来する地域社会，民族もしくは宗教団体の利益と信仰を考慮に入れつつ陳列されなければならな

い。それらは，すべての人々が持つ人間の尊厳の気持ちに対する深い察知と尊敬をこめて展示されなければならない」とあるが，日本の「美術館の原則と美術館関係者の行動指針」の2には「美術館に関わる者は，作品，資料の多面的な価値を尊重し，敬意を持って扱い，作品・資料に関する人びとの多様な価値観と権利に配慮する」と書かれているだけで，「地域社会，民族もしくは宗教団体の利益と信仰」という具体的な明示がない。さらに「美術館の原則と美術館関係者の行動指針」の解説には美術館の敬意の対象はまずは作家であり，次に美術館に関わるさまざまな人々としており，宗教という表現はない[3]。

　作家の権利が保護されなければならないことは明らかであるが，博物館は教育的使命をもつ社会教育の施設でもあるので教育への配慮も重要である。教育上における宗教に関する扱いに関しては「教育基本法」第15条に「宗教に関する寛容の態度，宗教に関する一般的な教養及び宗教の社会生活における地位は，教育上尊重されなければならない」とあるので，教育的使命を有する博物館はこの点も考慮しなければならない。

　従って，博物館の教育的役割を考える場合，「表現の自由」と「宗教に対する敬意」のバランスをどのようにとるかが博物館関係者の使命であるといえる。美術作品のなかには，作家の意図は別にしても，ある特定の宗教を揶揄しているようなイメージを一般の人々に与える作品も少なくない。しかし，「表現の自由」を優先すれば，こうした作品の展示やこれらの作品を用いて博物館教育活動を行うこともできるし，実際にこうした作品が公的な場所で公開されてきた。

　さらに最近は宗教を題材にした作品が展示ではなく，展示会の付帯事業の一環として，一部の人々にとっては不快と感じるような取り扱いを受けることがある。例えば，海外の美術館が所蔵するキリスト教などの宗教画を借用し，美術館と新聞社や広告代理店が共催で企画展を開催するときに，広告活動の一環として宗教作品のデフォルメや人によっては不適切と感じる取り扱いをしてしまうことがある。

　一例を挙げるとすると旧約聖書の創世記に記されている「バベルの塔」を主題としたブリューゲルの作品が東京と大阪の国公立美術館で開催されたこ

とがあった。このときに展示会に合わせて「プロジェクト・バベル」と称する企画が行われ，近隣の飲食店が食物を人盛にして「バベル盛り」と称する料理のメニューを考案し，客に提供するイベントが行われた。この活動に対する印象は人によって異なるであろうが，神が人間の傲慢を戒めることを示した「バベルの塔」のナラティブを本来の意味とは切り離して利用した美術館の付帯事業が教育基本法第15条の精神に則り，国際博物館会議の職業倫理規程に従った様々な民族，宗教に敬意をもつ多文化共生社会にふさわしいものであったのかを問い直す必要はあろう。

　もちろん，展示会付帯事業は美術館の教育活動とは無関係であると解釈することも可能であるが，教育活動の一環として，教員に引率されて美術館を訪れた子どもが美術館の付帯事業の一環として，「バベル盛り」と称する山盛りの食物の広告を見てどのように感ずるか想像してみることも大切であろう。

　2015年1月に起きたフランス風刺週刊紙『シャルリエブド』襲撃事件が示すように，現在は「表現の自由」の権利の行使による特定の宗教を風刺した芸術活動がテロを引き起こす事態になっている。もちろん，フランスを中心とした西洋諸国はこの事件の首謀者を弾劾すると共に「表現の自由」の権利の重要性をアピールしているが，フランスに在住するイスラム教徒のなかには事件自体に対しては批判しつつも，このようなテロを招いた『シャルリエブド』を糾弾する声も大きい。

　従って，これからの博物館は，これまでのように「表現の自由」を優先した活動を行うのか，「表現の自由」よりも地域に存在する多種多様のコミュニティーに対する宗教的あるいは文化的な配慮を優先するのか判断に迷う事態が生ずる可能性が高まる。つまり，多文化共生社会の到来により，近代社会が当たり前のものとして支えてきた博物館の価値のあり方が問い直されるようになった。こういった意味で，今日の博物館は近代的な博物館像の転換を求められており，ミュージアムの理念そのものの再検討が促されている。

学習課題 │（1）外国人が語学学校だけでなく博物館で教育活動を行う意義を考え

ましょう。

　（2）近代社会の博物館と多文化共生社会の博物館の特徴の違いについ
　　　て考えましょう。

参考文献　・フィリップ・ヤノウィン『どこからそう思う？学力をのばす美術
　　　鑑賞』京都造形芸術大学アート・コミュニケーション研究センター訳，
　　　淡交社，2015年

註　1）Margaret Burchenal and Michelle Grohe, "Thinking Through Art: Transforming
　　　Museum Curriculum" Journal of Museum Education 32 no.2（2007）118-119.
　　2）ジョージ・E・ハイン著　鷹野光行訳『博物館で学ぶ』同成社，2010年，
　　　56頁。
　　3）全国美術館会議「美術館の原則と美術館関係者の行動指針」2017年，9-10
　　　頁。

第 14 章 | ICTと博物館教育活動

　本章ではICT（Information and Communication Technology：情報通信技術）を活用した博物館教育のあり方について学習する。また，玉川大学で行われた研究成果に言及しながら，実物資料とデジタル資料の受け取り方について説明する。

キーワード | ICT　レクチャー型鑑賞　対話型鑑賞　実物資料　デジタル資料

第1節　活発化するICTを活用した博物館教育

　ICT（Information and Communication Technology：情報通信技術）を活用した社会構築が急速に進んでいる。新型コロナウィルス（COVID-19）のパンデミックはこの動きを加速させ，教育活動においても2020年にICTを活用した遠隔教育の可能性が模索された。博物館活動においても北海道博物館の呼びかけのもと「おうちミュージアム」プロジェクトが全国の博物館で実施され，全国の200を超える博物館がオンラインを使って家庭などの博物館外で学び楽しめるサービスを行った。

　また，展示室，所蔵資料の説明や研究活動等の動画配信を行っている博物館も少なくない。スマートフォンに日本語，英語，中国語，韓国語，ロシア語で展示物の説明を表示するサービスを行っている博物館もある。

　博物館でICTを活用した博物館教育活動の取り組みが活性化すれば，以

前であれば，博物館を訪問しなければ閲覧することができなかった作品であっても，その作品の解説つきの高画質画像を家庭でも鑑賞できる時代になった。また，こうした博物館リソースを用いながら，遠隔地でもリアルタイムで博物館教育活動を実践できるようになった。

　しかしながら，いかに手間と時間と費用をかけてICTを用いた博物館活動を利用者に提供しても，その活動の内容が利用者の目的に適していなければ，質の高い博物館教育活動とはいえない。残念なことではあるが，実際に博物館によって提供されているICTを用いた活動のなかには，利用者の有用性や使いやすさよりも，ICTを使った博物館活動の卓越性をアピールすることに比重をおいたものもある。

　ICTを用いた質の高い博物館教育活動を実践するうえで重要なことは，通常の博物館教育活動と同様に利用者の興味や目的を意識することである。ICTは博物館教育活動を推進するためのツールであり，ICTのために博物館教育活動が存在するわけではない。ICTを用いた博物館教育活動を行う場合はこの点を十分に意識しなくてはならない。

第2節　ICTを活用した博物館教育のメリット，デメリット

　ICTを活用した博物館教育活動のメリットとデメリットを簡潔に示したい。

1．メリット

（1）物理的制約の改善

　ICTを用いた活動は物理的制約を解消する。博物館のなかには館内で教育活動を行うことが難しい館もある。館内に広い展示室や教育活動が行える多目的ルームをもつ博物館であっても，複数の団体が同じ時間帯に施設の利用を希望した場合は，調整が必要になる。ところがICTを活用すれば，博物館と博物館以外の場所をネットワークでつなぎ，博物館以外の施設を主会場にすれば，こうした物理的制約はかなり改善できる。

(2) 時間的, 距離的制約の改善

ICT を利用することにより, 学校はこれまで以上に博物館を利用した学びを展開する可能性が高まる。学校が博物館訪問を計画した場合, 第7章「学校教育と博物館」で解説しているように, 学校と博物館は日程調整や子どもの安全, 交通費や入館料の工面等の多くの課題を解決しなければならない。ICT を活用した活動はこうした手間をかなり省略してくれる。特に, 近くに博物館のない学校にとって, ICT は博物館教育活動を行ううえで便利な手段である。ICT を活用して外国の博物館が提供しているウェビナーを受講すれば, 児童, 生徒が海外渡航をすることなく外国の博物館と連携した活動もできる。

(3) より豊かな学習機会の提供

博物館の所蔵資料がデジタル化され, ICT を通して配信されれば, 学習者は博物館を訪問することなく博物館資料を利用することができる。デジタル化された資料を使うことで, 資料保存等の観点から実物資料の公開が難しい資料を使って学習することも可能である。博物館の提供するウェビナーを用いた資料解説やオリジナルの教育用動画も豊かな学習リソースを提供する。

(4) 学校教育環境の向上

前項の「より豊かな学習機会の提供」と関連するが, ICT を用いて個々の博物館が「社会」「理科」「図画工作」「美術」などの学習指導要領に即した自館の博物館教育プログラムを作成することにより, 児童, 生徒の教育活動の向上に貢献する。

(5) 資料の保全, 博物館スタッフの負荷軽減

博物館教育活動における ICT を用いた遠隔教育活動の比重を高めることで, 博物館は貴重な実物資料を必要以上に提供せずにすむ。これは資料のより安全な保存や博物館スタッフの負荷軽減につながる。

2. デメリット

(1) 博物館体験を奪うリスク

　ICT を活用した博物館と連携した学びの機会が増すことにより，人々はこれまでよりも博物館を訪問しなくなるかもしれない。特に学校が教育活動の一環として博物館を訪問することは，博物館をあまり利用しない家庭の児童，生徒が博物館を訪れる貴重な機会になっている。博物館訪問が ICT を活用した博物館を利用した学びに変わるということは，こうした児童，生徒から博物館訪問の機会を奪うことになる。結果的には博物館入館者が減少することになり，博物館が収益減になるかもしれない。

(2) 実物資料と触れる機会が減るリスク

　博物館の学びが ICT を用いた博物館教育活動に変わることで，児童，生徒が実物資料に触れる機会が減少する。ICT を活用した学びの場合，学習者は資料のデジタル画像やウェビナー，学芸員が制作した資料解説書やワークシート等の博物館リソースに接することはできるが，実物資料に接する機会ははるかに少なくなるであろう。実物資料に触れなければ触れないほど，資料がより安全に保存される確率は高くなる。しかし，そのことが人の教育にとってよいかは別の問題である。

(3) 博物館の負荷，コスト，リスク対策

　ICT を用いた博物館教育活動（博物館リソースの電子化や E-learning システムの維持，管理など）は博物館にこれまでの活動（資料の収集，保存，調査研究，教育活動）にはない新たな負荷となる。博物館予算や人手に限りがあるときは，博物館の他の事業（例えば資料収集活動や調査研究活動など）を縮小して，ICT を利用した活動を拡充させるかどうかの判断を迫られることも想定される。博物館教育活動等で ICT を活用する場合は，それに対応したリスク対策も行わなければならない。

(4) 健康リスク

　ICT の過度の使用は，視力の低下や姿勢の悪化など健康への悪影響が懸念されている。

第3節　ICT を活用した博物館教育活動の実施に
あたって

　ICT を活用した博物館教育活動を行う場合でも，一般的な博物館教育活動同様に企画，実践，評価のプロセスを経ることが望ましい。ここでは，ICT を活用した博物館教育の特徴と実践の手順について述べる。

1．ICT を活用した博物館教育の特徴
　ICT を利用した博物館教育活動といっても多様なものがあるが，大きく二つの形態に分けられる。一つは，本来は博物館内で教育活動を行うことが望ましいものの，物理的，距離的な理由などの制約があるために ICT を活用している教育活動である。博物館と学校をオンラインでつないで実践する博物館教育プログラムなどがこれにあたる。もう一つは展示等を補完する目的で実践される博物館教育プログラムである。学芸員等による展示資料解説の動画配信やポッドキャスト（Podcast），スマートフォンを活用した展示資料の説明などがこれにあたる。

　ICT を利用した博物館教育活動には同期型コミュニケーションと非同期型コミュニケーションがある。同期型コミュニケーションとは離れた場所にいる利用者とエデュケーターを務める博物館スタッフ等が同じ時間を共有して行う活動を指し，非同期型コミュニケーションとは同じ時間に行わない活動を意味する。

　同期型コミュニケーションのメリットは同じ時間に活動できるので，博物館スタッフは利用者がどのように活動に取り組んでいるか映像を通してリアルタイムで確認することができるし，質疑応答も活動中に行うことができる。デメリットとしては，ICT 環境の不調などで，活動の中断などのトラブルが生じてしまうことがある。非同期型コミュニケーションの場合は，博物館スタッフと利用者が異なる時間に活動するため，両者が都合がよい時間を使って活動することができるが，まるで博物館にいるかのような臨場感は同期型コミュニケーションに比べて欠けることは否めない。

2. 実践のプロセス

　はじめにどのような博物館教育活動を行うのか企画をたてなければならない。企画にあたっては①活動の目的及び意義②主たる利用者③活動内容④リソース⑤コストなどをＡ４用紙１～２枚程度にまとめると便利である。

　活動の企画にあたっては，活動の目的や意義を具体的に定めることが非常に重要なことである。ICT を活用した博物館教育活動に取り組んではみたものの，明確な目的も定めないで「他の博物館が取り組んでいるため」「最新のICT を使った活動を披露したいから」といった理由で活動をしても，高い教育効果が得られることはないであろう。

　その意味においても，企画時において主たる利用者の特定は欠かせない。利用者の特定はなるべく具体的にすることが望ましい。博学連携活動の一環としてICT を利用した博物館教育活動を行う場合は利用者の特定が容易であろう。しかしながら，展示室の動画配信や学芸員による所蔵資料の解説といった活動であっても，利用者の想定（成人か子どもか，日本人か外国人か等）は明確にしておきたい。

　活動の目的を決め利用者の特定が終わったら，具体的な活動内容の検討を行う。目的や利用者によって内容や所要時間や使用するリソースも異なるため，その準備を行なう。同期型コミュニケーションによる博物館教育活動を行う場合は，トラブルが生じること（通信回線の故障による活動の中断など）を想定して，活動の一部分を録画するなどトラブルを想定した対策を考えた方がよいかもしれない。

　博物館リソースの電子化はメタデータの保存，保守，点検を怠らずに行わなければならない。また，いつまでも現在のICT 環境が利用できるとは限らない。技術の発展と共に博物館のICT 環境も変化する。ICT を用いた博物館活動はこうした情報通信環境の変化を常に意識して計画する必要がある。

　博物館教育活動実践後は利用者に質問紙調査を行う等，活動に関する評価をしてもらうと，今後の改善に便利である。

第4節　実物作品とデジタル化作品を用いた研究活動

　先の節で取り上げたように，博物館では ICT を活用して資料をデジタル化することにより，博物館教育活動が活性化した。たとえば，美術館では，実物作品を用いず，展示会場から離れた別の場所で鑑賞活動を行えるようになった。館外活動としての出張事業の幅も広がり，研究活動にも活用されるようになっていった。本節では，玉川大学教育博物館と学内の脳科学研究所，芸術学部との連携により取り組んだ研究の一部を紹介する。二つの鑑賞方法の比較による教育効果についての研究を行い，その鑑賞材料として，教育博物館に所蔵されている作品の実物とデジタル化作品（画像）を活用している。

(1) VTS と対話型鑑賞

　研究では，レクチャー型鑑賞と対話型鑑賞の方法を用いている。レクチャー型は，いわゆる講義型ともいい，美術史や美術理論をはじめとした美術や美術作品に関する知識を伝授していくものだ。この型は古くから活用されている。一方，対話型鑑賞は比較的新しい方法である。そして対話型鑑賞といえば，VTS を思い浮かべる人もいるだろう。

　VTS は，アメリカのニューヨーク近代美術館（通称 MoMA, The Museum of Modern Art）で1983年から1993年まで教育部部長を務めていたフィリップ・ヤノウィンが中心となって開発した美術鑑賞の手法であり，日本では対話型鑑賞と称される。鑑賞者同士が相互の感想や意見などを話し合う対話形式がとられ，また，知識に頼らず美術作品を鑑賞するため，鑑賞者のものの見方や価値観が表出されるのがこの手法の特徴である。「正解」はないため，自ら問いを立て自ら解決する力を身につけられる。つまり「観察力」「批判的思考力」「コミュニケーション力」が育成されるため，「学力を伸ばす」鑑賞方法ともいわれている。この鑑賞を実施するには，ファシリテーターの存在が欠かせない。ファシリテーターは，常に中立的立場をとり，鑑賞活動（参加者同士の対話）の場をつくり，基本的に参加者の発言を促したり，つないだり，時には応答したりしながら，鑑賞活動を円滑に進行させる役目を担っ

ている。鑑賞中は作品の情報（知識）を一切伝えず，参加者からの発言をもとに鑑賞の場が展開されていく。

　日本では，VTSの手法に限定せず，対話を軸に展開していく鑑賞活動を広義にとらえ「対話型鑑賞」としている。今でこそ広義の対話型鑑賞は一般的に展開されているが，広がりのきっかけを作ったのはVTSであるともいわれている。しかしながら，VTSは，対話を通して美術作品を鑑賞する際，「この絵のなかで何が起きていますか？」「絵のどこからそう思いましたか？」「他に発見はありますか？」[1]の三つの質問で展開され，ときには対話の流れや参加者の経験値によってその三つの質問がそぐわない場面が出てくる。そういった場面になると，鑑賞の流れが止まったり，何ともいえない気まずいような雰囲気になったりし，不自然な空気が生まれる。このような場面をなるべく回避し，より活発な鑑賞体験にするために，ファシリテーターは，三つの質問を軸にしながら，臨機応変に言葉をつむぎ出し，作品と鑑賞者，鑑賞者と鑑賞者をつないでいく。ファシリテーターを担うのは，美術館であれば教育普及担当者やそれ相応のスタッフ，学校であれば教員である。美術館によっては，ファシリテーター専門のスタッフがいることもある。

（2）対話型鑑賞の効果

　ファシリテーターの誘導によって，鑑賞者は，作品とじっくりと向かい合っていくが，対話型鑑賞の体験をする前とした後では，どのような変化が起こるであろうか。先に述べたようにVTSを行うことで学力向上の効果が証明されており，その上，近年では，そのほかどのような活用方法があるのか，実際にはどのような効果があらわれてくるのか，VTSを基にした鑑賞教育の実践研究のほか，心理学や脳科学等他分野での研究もさかんに報告されている。玉川大学教育博物館でも大学内の脳科学研究所や芸術学部と連携し，VTSをもとにした鑑賞体験の実験研究を行った。ここではその内容を紹介する。

　2014（平成26）年の美術館と学校との連携による対話型鑑賞の調査をきっかけとし，2015（平成27）年，レクチャー型鑑賞と対話型鑑賞それぞれにおける視線計測を試験実験し，2016（平成28）年に鑑賞者の視線の動きに関す

る実験を始めた。2017（平成29）年から2018（平成30）年にかけてはレクチャー型鑑賞と対話型鑑賞の体験後，どのような違いがでるかを実験した。

　実験では参加者をレクチャー型鑑賞グループと対話型鑑賞グループに無作為に割り当てた。

　事前に，参加者には芸術経験，制作や鑑賞の経験や興味等についてアンケートをとった。そして，鑑賞体験の前にプレセッションとして参加者全員，個別にモニター上で12枚の絵画作品（具象画と抽象画各6枚）の画像を好きなだけ時間をかけて見てから，それぞれの作品に対する気に入った度合い（好き嫌い）を5段階のリッカート尺度で評価してもらった。学生の絵画鑑賞中の視線は人の視線を計測する機械：アイトラッカー（Tobii X300）によって記録した。

　プレセッション後，参加者はそれぞれ割り当てられたグループで，3点の作品を週に1回ずつ3回の鑑賞体験をした。レクチャー型鑑賞では美術史を専門とした大学教員が講義を行い，対話型鑑賞では実際に美術館で対話型鑑賞を行っているファシリテーターが担当した。特にVTSを基にした対話型鑑賞では，先述したとおり，鑑賞者への質問に制約があり，鑑賞者の戸惑いを避けるため，VTSの手法に忠実に沿うよりも鑑賞者の反応に対応したゆるやかな対話で進行した。この鑑賞体験後，プレセッションと同様の手順でポストセッションを行った。

　実験データを分析していくと，まず，事前にとったアンケート内容からレクチャー型鑑賞と対話型鑑賞との間では参加者の芸術活動の関心には差が見られなかった。しかし，ポストセッションでの作品を見ていく時間に変化が見られた。レクチャー型を受けた参加者は約8秒増加し，対話型を受けた参加者は約13秒増加した。対話型鑑賞を体験した学生の作品を見る時間は，レクチャー型を受けた参加者よりも増加していた。また，この変化は絵画の種類に関わらず見られた。一方で，作品を見る視線の動きや作品の好き嫌いは，どちらの型を体験しようとも変化しないことがわかった。この結果は対話型鑑賞が，鑑賞者が作品と向き合う態度を養う教育方法である可能性を示唆している。

　芸術教育に関する先行研究では，芸術家や学生が多くの技術や知識を身に

つけることで作品を見る視線の動きが高くなることがわかっている。また，レクチャー型において美術史や美術理論を学ぶことが，鑑賞者の視線の動きや作品の評価に影響することも検証済みである。レクチャー型の教育では，鑑賞者は自分の経験や知識を使って作品の特徴を分析し，さらには技術的・歴史的価値を評価することができる。

　対話型鑑賞のみ体験している場合は，レクチャー型の鑑賞を受けた人のような芸術的な技術や知識を身につけることはできない。一方で，多数との対話のなかだからこそ，作品を解釈し評価するための各方面からの視点や方法を身につけている可能性が高い。対話型鑑賞は，自らが作品と向き合うための基本的な方法にアプローチしているといえる。また，様々な発言に誘引され，作品を注意深く見ていくことで無意識のうちに作品を分析し，さらには芸術鑑賞に面白みを感じている可能性が高いため，上述のように，作品を見る時間，あるいは観察する時間が自然と長くなるのだろう。まさに，対話型鑑賞は，未経験者や興味のない人が作品鑑賞を享受する第一歩を踏み出すきっかけになっているといえる。

　レクチャー型の教育的効果を数値的に検証した研究はなく，今後の研究では学習者の作品鑑賞への行動や評価に対して，レクチャー型鑑賞をどのように効果的に行っていったらよいのか，教育デザインを明らかにすることが課題となっている。その上で，博物館教育において，資料を目の前にして何を学習するかを計画する際，その目的に合った方法を選択したり，対象者の興味や要望に合わせた方法を編み出したりすることが大切である。

第5節　実物とデジタル資料の活用

　博物館で資料を活用していく際，その資料が実物であるのか，複製であるのか，について気にかけたことはあるだろうか。資料は，博物館の所蔵品でもあるが，博物館全体ひいては国の財産である。そのため博物館は，資料の収集のほか，その研究や保管に細心の注意をはらい，次世代への継承につなげる努力をしている。資料や資料に関する情報は，国内外を問わず広く活用

されることも念頭にいれ，博物館教育活動全般にも反映させている。

　博物館の資料には，実物（標本を含む）資料，実物を複製，模造，復元した資料，それらの関連資料がある。実物，複製をはじめとしたそれ以外の資料の価値基準は一様ではなく，所蔵館によって異なり，その活用の仕方も多様である。そして，収集・保管の困難である希少な実物資料の場合は，複製，模型や模造を作成し，それらを活用している。

　近年，デジタル機器の普及に伴い，資料のデジタル化も進み，とくに希少な資料はデジタル化することによって，これまでなしえなかった研究をはじめ，博物館利用者への資料提供にも幅広く活用されるようになった。

　たとえば，美術館の場合，絵画作品，彫刻作品，工芸作品等，各分野の美術作品がある。デジタル化の進む前から，絵画は転写や模写，彫刻は実物からの型取り等，多くの技術をもって模造資料が作成されてきた。また，カメラの発達により，絵画は写真におさめられ投影機器で見られるようになり，彫刻をはじめとした立体物は設計図があれば3Dプリンタにより復元できるようになった。特に希少で劣化の進んでいる資料は，こうした実物以外の資料を活用する場面が増えている。研究も多様化し，さらに博物館利用者への研究から得られた見地の公開，資料閲覧のサービス提供も様々な広がりをみせている。

　基本的に，複製，模造，復元されたものは，現物をそのままのモノとして，原寸大で現物そっくりに再現したものをさす。しかし，画像や映像におさめる手法をとったデジタル化の場合，原寸大で提供されることは珍しい。そのため，美術館の鑑賞体験では，鑑賞対象作品が実物であるかデジタル化されたものであるかどうかは，重要な視点となってくる。

　デジタル資料は，資料そのものだけではなく，それを映し出す機械の操作が組み合わさって展示された場合，体験型展示となり，作品を見るだけにとどまらず資料と親しむきっかけが生まれやすい。たとえば，サントリー美術館では，デジタル技術などを用いて多様な切り口で作品を紹介していく「六本木開館10周年記念展　おもしろびじゅつワンダーランド2017」を（2017〔平成29〕年）に開催した（次頁の写真）。また，夏休みの特別イベントとして「まるごといちにち　こどもびじゅつかん！」を毎年行っている。新型コロ

デジタル技術を用いた体験型展示。展示されている着物をヒントに、タッチパネル上で文様を組み合わせていくと大きなディスプレイに自分だけの着物が映し出される。© サントリー美術館

実物作品とデジタル技術を用いた体験型展示。マイクに向かって文様を言葉で表現すると巨大な白いとっくりに様々な吹墨文が浮かび上がる。© サントリー美術館

期間限定で子ども向けの動画や読み物がオンラインでデジタル配信されている。© サントリー美術館

ナウィルス感染症（COVID-19）対策のため，2020（令和 2 ）年度よりオンライン形式を中心に開催し，特設ウェブサイトを開設している。このサイトでは，期間限定で子ども向けの動画や読み物等がデジタルで配信される。期間終了後も見られるコンテンツもあるが，展示が開催されている期間でしか体験できない鑑賞プログラムや展示室からの生配信等は，固定された日時での利用となっている。このような取り組みは，ほかの美術館でも行っている。しかし，デジタルであり，かつ Web 上であるからこそ美術館が提供できることを館の目的にそって判断し様々な形で情報提供をしている。そして，こういったデジタル資料の Web 公開によって，利用者のオンラインラーニングの機会をつくるとともに，作品や展覧会に興味をもってもらい，実物作品

を見てもらいたいという意図を含んでいる。

　2020（令和2）年は新型コロナウィルス感染症（COVID-19）の影響から，博物館への来館が不可能となる事態を受け，急速にデジタル化が進んだ。オンラインでの資料情報配信をはじめとし，動画や画像，デジタルコンテンツをふんだんに活用したデジタルサービスが配信されるようになった。また，2021（令和3）年は，法隆寺の国宝を立体計測し，高精細VR化されたVR作品が東京国立博物館にて公開された。通常，立ち入ることのできない空間や近寄ることのできない仏像，壁画等を間近にあるかのように鑑賞体験できる。また，一般的には人間の目では捉えることの難しい細部まで確認することができる。このように，デジタル資料は人が簡単に目では捉えられない部分が見えるといった利点があるため，鑑賞活動では必要に応じて活用される。

　一方で課題もある。デジタル化は，あまりにも時間と費用がかかるため，その余裕のない博物館は簡単には波にのれない。そして，最大の問題は，先述したとおり，「見る」ということの意義である。観察や鑑賞するということは，ほとんどの場合，自発的な行為である。義務教育の一環ではなく，博物館へ自ら出向き，資料と出会うことは，観察や鑑賞自体，自発的行動となる。見る視点は，人によってそれぞれであり，見たいポイントも同様である。しかし，デジタル化された作品は，たとえば美術館にある立体作品の場合，鑑賞者の自由な視線が奪われる。見たいように見る，というよりは，見せたいように見せられる経験となりやすい。鑑賞者の立場に立つと「見せられている」感が多少なりとも存在することを認識しておきたい。

学習課題　(1) これからの博物館教育を実践するうえで，デジタル資料の活用の利点と問題点について考えましょう。

　　　　　　(2) 美術館における対話型鑑賞の手法を参考にし，資料を通して来館者同士の対話を引き出し，そこから資料を読み解いていく活動を考えましょう。

参考文献　・アメリア・アレナス『なぜこれがアートなの？』福のり子訳，淡交社，

1998年

・フィリップ・ヤノウィン『学力をのばす美術鑑賞　ヴィジュアル・シ
ンキング・ストラテジーズ』京都造形芸術大学アート・コミュニケー
ション研究センター訳，淡交社，2015年

・Chiaki Ishiguro, Kazuhiko Yokosawa, Takeshi Okada 'Eye Movements during
Art Appreciation by Students Taking a Photo Creation Course' "FRONTIERS
IN PSYCHOLOGY 7" FRONTIERS MEDIA SA, 2016.

・Chiaki Ishiguro, Haruto Takagishi, Yuki Sato, Ai Wee Seow, Ai Takahashi, Yoko
Abe, Takuyuki Hayashi, Hirotaka Kakizaki, Kei Uno, Hiroyuki Okada, Etsuko
Kato 'Effect of dialogical appreciation based on visual thinking strategies on art-
viewing strategies.' "*Psychology of Aesthetics, Creativity, and the Arts*, 15"
American Psychological Association, 2021.

・Chiaki Ishiguro, Haruto Takagishi, Yuki Sato, Ai Takahashi, Yoko Abe, Hirotaka
Kakizaki, Hiroyuki Okada, Etsuko Kato 'Comparing effects of visual thinking
strategies in a classroom and a museum.' "*Psychology of Aesthetics, Creativity, and
the Arts.*" American Psychological Association, 2020.

註　1）三つの質問の原文：「この絵のなかで何が起きていますか？」は What's
going on in this picture?，「絵のどこからそう思いましたか？」は What do you
see that makes you say that?，「他に発見はありますか？」は What more can we
find? である。

おわりに
──これからの博物館教育

　これまでの学習をふまえて博物館教育とは何か理解が深まったことと思う。おわりに，今で学んできた内容をふまえつつ，これからの博物館教育を語るうえで重要な点を考える。

　まず，博物館教育活動は主として二つの観念から成り立つことをもう一度確認しておきたい。一つは真の知識は人間の外に存在すると捉える「実在論」であり，もう一つは真の知識は人間の心の中に存在すると捉える「観念論」の立場である。「実在論」の立場からは学習者に「正しい知識」を伝えることを目的とした解説的，注入的な教育手法が，「観念論」の立場からは相対主義に立脚する構成主義が生まれた。今日の博物館で行われている個々の博物館教育活動を「実在論」に基づくものなのか，「観念論」に基づくものなのか厳密に区分することは難しいと考えるが，解説パネル，図録，講演会，解説型のギャラリートーク等は「実在論」に近いものが多く，対話型鑑賞や創作活動は「観念論」に依拠する活動といえる。

　今日の美術館では対話型鑑賞など，「観念論」に基づく活動が活発に行われているようではあるが，その一方で構成主義による展示や教育活動をホロコースト等の倫理的主題をとりあげている博物館に適応することは不適当であることや表現の自由の名のもとで行われる相対主義による表現活動が場合によっては深刻な事態をひきおこす可能性があることを本書では指摘した。従って，これからの博物館教育では「観念論」に基づく博物館教育活動の意義も評価しつつも，その限界と問題点も理解することが求められる。知的社会の到来を予測したアルビン・トフラーはハイジ・トフラーとの共著，『富の未来』（山岡洋一訳，講談社 2006年）のなかで，これからの社会は善かれ悪しかれ，文化，宗教，倫理などが社会の中心となると述べている。観念論的立場を強調した対話型鑑賞教育のような活動だけでは，トフラーが予測した

ような社会には十分に対応できないことは明らかだ。美術館にあるイコンや宗教絵画等は本来，教会に帰属するものであったし，文字の読めない人々に聖典の内容や宗教の教義，聖人の生き方を伝える視覚メディアでもあったからだ。

　次に博物館の経営環境が博物館教育活動のあり方に強い影響を与えていることをもう一度確認してほしい。今日の国公立，民間共に，多くの博物館では館の存立のために入館者の増加や自己収益の確保が強く求められている。そのため，東北学院大学の辻秀人教授が『博物館 危機の時代』（雄山閣，2012年）のなかで述べているように，こうした目的の達成のため館の本来の性格とそぐわないようなイベントまで教育普及活動の一環として行われている傾向がみられるようになった。そもそも，博物館教育活動とは収集，保存，調査研究等の他の博物館の活動と有機的に連関して行われるものである。しかしながら，最近の博物館教育活動のなかには，こうした諸活動との関連性が不明確で，いわば「打ち上げ花火」的なイベントが目立つのが憂慮される。しかし，その一方で博物館の厳しい経営環境が博物館の危機意識を高め，様々な来館者をターゲットにした博物館教育活動の実践を促したことも事実である。博物館の安定的経営を目指して，マーケティングの理論を教育普及活動も含む博物館の諸活動に取り入れる動きもみられるようになった。博物館といっても館種，規模，設立理念，所蔵資料の概要，地域性などによって多種多様であり，自館の目的にあった評価手法を用いて，館の問題点を探りだし，館を活性化していくことが求められている。

　2020（令和2）年より生じた新型コロナウィルス感染症（COVID-19）のパンデミックにより社会は激変した。博物館や博物館教育関係事業も大きな影響を受け，接触型展示や多くの博物館教育プログラムが中止された。しかし，その一方で博物館はオンラインを使った博物館教育活動等への取り組みを進めており，この方面の発展が期待できる。パンデミックの影響を受けた博物館や博物館教育が今後，どのような方向に向かうのか具体的に見通すことはできないが，博物館が資料を収集，保存，調査研究，教育活動を行う施設であることは変わりなく，この基本的使命をふまえたうえで時代に合った展開をしていくものと予想される。

今日の世界は地球環境問題や国家間の対立，民族問題など多くの問題に直面しており，グローバルな視点でこうした問題に対処することが求められている。特に今回のパンデミックは我が国の構造的な弱みを露呈した。パンデミックのみならず，食糧，エネルギー源の殆どを海外からの輸入に依存する我が国の基盤は脆く，多くのリスクが存在する。このような条件のもとで，これからの社会を生きる私たちが為すべきことは安全で利便性に満ちた暮らしを天然自然の現象とみるのではなく，多角的かつ現実的に事物や事象を観察し，課題を発見し，主体的に解決策を模索することではないだろうか。こうした姿勢を身につける場の一つが，実物資料を媒体にして様々な主体的な学びを促す博物館であり，その学びの方法は生活のあらゆる場に応用が可能なのである。

著　者

■執筆者及び執筆分担

柿﨑博孝　(かきざき・ひろたか)

2016年版はじめに，第2章，第4章，第6章，第9章
玉川大学教育博物館客員教授。玉川大学芸術専攻科修了。主著・主要論文に『博物館資料論』（共著，樹村社，1999年），『日本の産業遺産Ⅱ』（共著，玉川大学出版部，2000年），『掛図にみる教育の歴史』（玉川大学教育博物館，2006年），『学びの風景―明治のおもちゃ絵・絵双六に描かれた教育』（玉川大学教育博物館，2008年）。『ジョン・グールドの鳥類図譜―19世紀　描かれた世界の鳥とその時代』（編著，玉川大学教育博物館，2019年）。

宇野　慶　(うの・けい)

改訂版の刊行にあたって，第1章，第3章，第5章，第7章，第8章，第10章，第11章，第12章，第13章，第14章，おわりに
玉川大学教育博物館教授。上智大学大学院文学研究科史学専攻修士課程修了。主要論文に「サウス・ケンジントン博物館の成立と展開―教育普及活動を中心に」（『紀尾井史学』第25号，2005年），「美術教育における美術館と中学校の連携―イザベラ・スチュアート・ガードナー美術館及びサントリー美術館，森美術館の事例報告」（『全博協研究紀要』第17号，2014年）。

髙橋　愛　(たかはし・あい)

第7章，第8章，第12章，第14章
玉川大学芸術学部准教授。東京学芸大学大学院連合学校教育学研究科博士課程修了（博士）。主要論文に「図画工作科における基礎的な技術能力育成の有用性に関する研究」（博士論文，2008年），「連環画における絵画的魅力」（『芸術研究』第10号，2019年）。

はく ぶつ かんきょういく ろん
博物館教育論　改訂第2版

2022年2月25日　初版第1刷発行

著　者 ─────── 柿﨑博孝・宇野慶・髙橋愛
発行者 ─────── 小原芳明
発行所 ─────── 玉川大学出版部
　　　　　　　　〒194-8610　東京都町田市玉川学園 6-1-1
　　　　　　　　TEL 042-739-8935　FAX 042-739-8940
　　　　　　　　http://www.tamagawa.jp/up/
　　　　　　　　振替　00180-7-26665
装幀 ─────── しまうまデザイン
印刷・製本 ─────── モリモト印刷株式会社

乱丁・落丁本はお取り替えいたします。
ISBN978-4-472-40617-1 C3030 / NDC069